„Meine Worte
Meine Kraft
Für Dich“

Shanya Ashram

Anleitung zum Leben

Erstes Buch

„Meine Worte
Meine Kraft
Für Dich“

FURIAN
AKASHA

www.furian.at

Der Umschlag wurde gestaltet von
Georg Michael Thellmann

Lektorat: Mag. Sonja Stopper

Printed in Hungary

ISBN 3-902331-00-3

Inhalt

Vorwort

Meine persönliche Tätigkeit beim Verfassen dieses Buches bestand im Hören auf das, was EINE STIMME, die ich in mir hörte, sagte und im wörtlichen Niederschreiben des Gehörten. Der in diesem Buch zu lesende Text setzte sich aus vielen Einzelpassagen zusammen, die ich jeweils am Beginn und am Ende mit Anführungszeichen versehen habe. Meine Aufgabe bestand weiters darin, die einzelnen Textpassagen in eine Ordnung, ein System, zu bringen. Auf diese Weise sind die einzelnen Kapitel entstanden.

Die Texte sind authentisch.
Alles andere hätte meinem Auftrag widersprochen.

Dies gilt für die Formatierung des Textes, für Hervorhebungen, für Groß- und Kleinschreibung und das Verwenden von Blockbuchstaben. Diesem Ersten Buch werden noch Weitere Bücher folgen, denn es ist noch lange nicht alles gesagt, was gesagt werden muss. In diesem Ersten Buch finden sich die zum weiteren Verständnis notwendigen Grundlagen, es ist als „Basiswerk" gedacht. Mit den folgenden Büchern wird das grundsätzliche Wissen um das spezielle Wissen über das Wahre Sein erweitert.

Gehen wir den Weg ins Licht gemeinsam!

Wien, im Oktober 2000 Shanya Ashram

... über die Seele

**„Die Seele ist das Ewige;
das, was immer war,
jetzt ist und immer sein wird.**

Jeder Mensch hat eine Seele. Sie ist das Licht, das in der Dunkelheit leuchtet, den Weg zeigt, der Leuchtturm in tiefer Nacht.

Deine Seele ist ein Teil von Mir, denn Ich, Das Licht, habe Mich geteilt in unendlich viele Teile, die Ihr Seelen nennt. Sie ist der Göttliche Funke, der im Menschen wohnt. Deine Seele ist unverletzbar und unvergänglich. Sie ist das Licht, das inmitten des Menschen wohnt und von dort aus über die Grenzen des Körpers hinausleuchtet.

Sie ist das, was den Menschen zum Strahlen bringt, zum Leuchten, was dem Menschen die Aura gibt. Die Seele verleitet zur Einkehr und Umkehr, zur Einsicht, zur Besinnung auf das, was war und immer sein wird. Sie bringt den Menschen auf den Richtigen Weg.

Die Seele ist der Motor des Menschen; sie ist das, was den Menschen immer begleitet, von der Geburt bis zum Tod, in der Phase vor der Wiedergeburt bis zur Neuen Geburt und so fort.

Die Seele führt den Menschen ans Ziel, zum Erkennen, dass der Mensch nur Mensch ist, um wieder mit dem Ganzen zu verschmelzen, nämlich mit Mir, denn jeder Mensch ist ein Teil von Mir, ein Teil von Allem, was ist, der Ewigkeit, dem, was immer war und immer sein wird. Jede Seele weiß alles, hat Unendliche Weisheit, lebt in Meinem Geist und ist immer mit Mir verbunden. Sie ist unsterblich wie Ich und unsere Verbindung ist unzertrennbar, unzerstörbar. Die Seele ist ein Teil der Unendlichen Kraft, die die Welten lenkt. Sie strebt nach Licht und Liebe in jedem Menschen.

Ich bin alle Seelen und alle Seelen sind Ich.
Wir sind eine Einheit, Das Licht,
das alle Universen durchstrahlt.

Die Seele ist Lichtenergie; sie bezieht ihre Energie aus dem Unendlichen Vorrat des Kosmos. Die Seele erscheint jemandem, der sie sehen kann, als „Lichtkugel", hell leuchtend und strahlend, von unvergleichlicher Schönheit. Jede Seele strahlt Wärme und Liebe ab.

In jedem Menschen wohnt eine Seele, die mit ihrem Menschen mit einer Art Schnur, die eine Lichtlinie, eine Lichtschnur, ist, verbunden ist. Wenn der Mensch schläft, verlässt die Seele den Körper, bleibt aber weiterhin über diese Verbindungsschnur mit dem Körper verbunden. Wenn diese Verbindung zum Körper unterbrochen wird, stirbt der Mensch. Die Seele geht, wenn der Mensch schläft,

„nach Hause", in den Kosmos, um Kraft zu tanken. Sie braucht die Unendliche Freiheit des Kosmos wieder nach der Beengtheit des Körpers. Stell Dir die Seele als Unendliches Licht vor, das aus der Unendlichkeit geboren wurde und niemals zu leuchten aufhört. Sie kennt die Unendliche Freiheit des Kosmos, die Weite und Grenzenlosigkeit, die sie viele Jahre, oft Jahrhunderte vor der Wiedergeburt genossen hat. Und plötzlich lebt sie in einem anfangs auch noch sehr kleinen Körper! Die Seele muss sich auch erst wieder an das „menschliche" Dasein gewöhnen und in dieser ersten Phase braucht sie daher vermehrte Ausflüge in die „Alte Heimat". Das ist auch der Grund, warum Babys so viel Schlaf brauchen.

Die Seele muss frei sein und fliegen können.

Jede dieser nächtlichen Reisen bringt dem Menschen viel Gutes, wie zum Beispiel Kosmische Energie und Informationen. Der Mensch träumt, weil die Seele ihre Informationen für ihren Menschen in Träume verpackt. Träumen ist eine der Arten, mit denen die Seele zum Menschen spricht. Sie spricht immer zum Menschen, wird aber oft nicht gehört, denn wenn der Mensch nicht in sich geht, ist es Zufall, wenn er seine Seele vernimmt. Wenn die Seele zum Menschen spricht und doch gehört wird, nennt der Mensch das Intuition, den Sechsten Sinn oder Glück. Oft nimmt der Mensch die Seele auch als Gefühl wahr, als gutes Gefühl oder als undefinierbare Warnung vor etwas oder als dringendes Bedürfnis, etwas zu tun. In Momenten der höchsten Gefahr für das Leben des Menschen dringt die Seele leichter durch zum Bewusstsein des Menschen, weil er unter Schock steht und in Folge dessen der Verstand aussetzt und schweigt. Der Mensch muss gerettet werden, um seinen Weg fortzusetzen, sein Ziel zu erreichen. Es gibt keinen zufälligen Tod, kein Unglück, das zufällig wäre. Der Tod jedes Menschen erfolgt zum richtigen Zeitpunkt. Seine Aufgabe ist erfüllt, das Ziel erreicht, die Fortsetzung des Lebens hat auf dieser Ebene keinen Sinn mehr. Nach dem Tod des Menschen ist die Seele wieder frei, schwebt im Kosmos. Sie hat jetzt die freie Wahl zu entscheiden, ob und wann und wo sie ein Neues Leben beginnen will."

... über den Körper und die Wahre Schönheit

„Liebe, achte und schätze Deinen Körper, denn er ist das Werkzeug, das Ich Dir gegeben habe, um auf der Erde zu leben. Das Werkzeug, womit Du Dein Ziel erreichen kannst.

Ich habe Dir Deinen Körper zu Deiner Freude gegeben.

Denk daran, was Du mit Deinem Körper alles machen kannst, welchen Genuss Du erleben kannst! Sei dankbar, dass Du einen Körper hast – und nimm ihn so wie er ist. Jeder Körper ist perfekt; ob Du klein, groß, dick oder dünn bist – Du hast den für Dich perfekt passenden Körper. Achte und liebe ihn – und denk nicht darüber nach, ob Dein Körper irgendeinem Idealmaß entspricht – Du bist schön so wie Du bist.

Das gilt vor allem für die Frauen auf der Erde; die meisten sind unzufrieden mit ihrem Körper, weil er nicht den „Idealmaßen" (von wem auch immer diese geschaffen werden) entspricht. Frauen, die ihren Körper hässlich oder unzureichend empfinden, lieben sich selbst nicht oder zu wenig; die Folge ist, dass sie glauben, um Liebe kämpfen zu müssen. Sie glauben, dass ein operativer Eingriff ihnen zu der Liebe verhilft, die ihnen zusteht. Diese Liebe findest Du aber nur in Dir selbst, in dem Du Dich selbst über alle Maßen liebst! Schönheitsoperationen bringen keine Liebe ins Leben – sie verändern nur das, was Ich geschaffen habe. Wie soll etwas, das Ich geschaffen habe, nicht schön sein? Alles, was Ich geschaffen habe, ist schön! Somit auch jeder einzelne Körper!

Liebe Deinen Körper und sei dankbar, dass Du ihn hast, und dass er funktioniert. Jeder Körper ist ein Wunderwerk und Dir zur Freude gegeben und Du hast die Pflicht, dieses Wunderwerk zu lieben, zu pflegen und im besten Zustand zu erhalten.

Liebe Deinen Körper, sei stolz auf ihn, achte ihn!

Lass Dich nicht in die Irre führen, wenn in Zeitungen ein „Idealmaß" propagiert wird. Wenn Du Dich wirklich liebst, die Wahre Liebe lebst, dann ist es egal, ob Dein Körper einem angeblichen Idealmaß entspricht oder nicht. Dein Körper ist ideal so wie er ist! Er spiegelt Deine Persönlichkeit wider, er ist Dein Maßanzug. Umarme Deinen Körper, streichle ihn, nimm ihn an, freu Dich über ihn. Er ist einzigartig so wie Du einzigartig bist. Du veränderst Deinen Körper durch Deine Gedanken – im Guten wie im Schlechten. Wenn Du in Bezug auf Deinen Körper negative Gedanken hast, dann verändern diese negativen Gedanken in Form von Schwingungen Deinen Körper und stören seine Harmonie, der Körper wird krank. Also denk daran, Dein Körper ist ideal für Dich so wie er ist.

Du bist Mein Ebenbild, Du trägst Mein Antlitz. Warum also solltest Du nicht schön sein?

Die Menschen haben eine Weisheit, die besagt, dass „wahre Schönheit von innen kommt". Das ist richtig. Doch wird diese Weisheit von den Menschen auf den falschen Sachverhalt angewendet, nämlich immer dann, wenn ein Mensch als hässlich von anderen empfunden wird oder von einem Menschen, der sich selbst als hässlich empfindet und sich also mit dieser Weisheit tröstet.

Die Wahre Schönheit kommt wirklich von Innen. Es ist die Schönheit der Seele, die über den Körper hinausleuchtet, dem Menschen das ganz besondere, einmalige Strahlen gibt, seine Aura ausmacht. Ein Mensch, der in Wahrer Schönheit der Seele leuchtet, ist wahrlich schön und wird auch von anderen Menschen als schön empfunden. Es ist das Strahlen der Erleuchtung, das Strahlen des Bewusstseins, das im Einklang mit dem Ewigen Sein schwingt. Es ist das Strahlen des Friedens, der Harmonie, der Freude, der Ruhe und der grenzenlosen Liebe. Ein Mensch, der auf diese Weise strahlt, hat seine Mitte gefunden, lebt im Bewusstsein und hat sein Licht in der Geistigen Welt entzündet.

Du bist Mein Ebenbild, Du trägst Mein Antlitz.

Und daher werde in Würde alt.

Das zunehmende Alter bringt die Weisheit. Darum achtet Eure Alten, denn sie haben die Weisheit. Ein Gesicht, das älter wird, spiegelt die Innere Weisheit. Ein altes Gesicht ist ebenso schön wie das Gesicht eines Säuglings. Jede Falte in einem Gesicht zeigt ein Stück des Lebens des jeweiligen Menschen. Jede Falte ist somit verdient und erarbeitet. Menschen ohne Falten haben keine Entwicklung hinter sich. Sie haben keinen Spirituellen Fortschritt gemacht. Jede Falte gibt dem Gesicht Charakter und Ausstrahlung – ist ein Spiegel des Selbst. Warum verleugnet der Mensch mit Hilfe von Schönheitsoperationen seine Entwicklung? Ewige Jugend bedeutet Stagnation; ein Verleugnen des dynamischen Prinzips bedeutet einen Verstoß gegen die Gesetze des Universums. Liebt und achtet Eure Falten, ehrt sie! Seid stolz auf Eure Falten, denn sie zeigen Euren Geistigen Weg!“

... über die Seele und den Körper

„Der Körper ist nur für das Leben auf der Erde geschaffen. Er ist daher – im Gegensatz zur Seele – nicht ewig, also sterblich. Er dient der Seele nur als Werkzeug zum Sein auf der Erde, er ist das Mittel, um Erfahrungen zu sammeln.

Aus diesen Erfahrungen entstehen Erkenntnisse. Erkenntnisse sind das, was die Seele anstrebt. Erkenntnisse sind das, was die Seele in allen Deinen Leben sammelt und speichert; sie sind das Ewige, das die Seele auf ihrer Reise durch die Unendlichkeit mitnimmt.

**Weisheit ist also nicht eine Frage der Intelligenz,
sondern eine Frage des Ziehens
der richtigen Schlüsse aus Erfahrungen.“**

... über das Leben und den Tod

Das Leben ist ein Spiel.
Jeder von Euch spielt es.

Aber: Ihr spielt ein Spiel,
dessen Regeln Ihr nicht kennt.

Weil Ihr sie vergessen habt.

Vielleicht fragst Du Dich, warum Du lebst oder worin der Sinn Deines Lebens liegt. Jede Seele, die in einem Körper lebt, hat sich selbst freiwillig, ohne Zwang entschlossen, auf der Erde zu inkarnieren, um Erfahrungen zu machen, um zu lernen, zu verstehen, zu sehen, zu denken und zu fühlen.

Ich erzähle Euch nun die Geschichte von Anfang an.

Am Beginn war Das Licht, nämlich Ich. Ich war einfach als Licht. Schon immer, seit ewig. Stell Dir ein starkes, helles, klares, warmes Licht vor und dieses Licht war alles, was es gab. Ich wollte aber erfahren, was Das Licht ist, was Ich bin, was es noch sein kann, außer dem Ewigen Sein in der damaligen Form. Also habe Ich Mich entschlossen, Mich in unendlich viele Lichtpartikel zu teilen. Und so entstanden die Seelen, von denen hier die Rede ist, genauso wie Tiere, Pflanzen, Planeten, Galaxien und Sonnensysteme, einfach Alles, was ist und Alles, was

Du Dir vorstellen kannst. In all diesen Dingen ist der Göttliche Funke und in all diesen Dingen lebe Ich. Und die Seelen, die Götter sind, weil sie ein Teil von Mir sind, haben Euren Planeten in all seiner Pracht und Schönheit gesehen und waren entzückt. Sie haben – damals noch körperlos – die Erde besiedelt und sich an den Fischen, Vögeln, Blumen und Bergen, den Gewässern und der Sonne erfreut. Nachdem sie aber keinen Körper hatten, konnten sie das Wasser und die Sonne auf der Haut nicht spüren, das Zwitschern der Vögel nicht hören, den Duft der Blumen nicht riechen. Und sie empfanden eine Unendliche Liebe füreinander und für die ganze Schöpfung, die sie aber nur gedanklich zum Ausdruck bringen konnten.

Die Götter aber wollten fühlen, hören, riechen, schmecken, reden, tasten – sie wollten all das erfahren.

Also haben sie überlegt, was zu tun ist und so haben sie sich einen Körper erschaffen. Aus der Materie, die sie umgab, dem Licht. Also aus Mir.

Diese Körper waren im Vergleich zu denen, die Ihr heute habt, sehr einfach in ihrer Funktionsweise und Ihr würdet sagen, dass sie hässlich, abstoßend, waren. Aber die Götter haben ihre Körper immer wieder verbessert, weiterentwickelt und verschönert und so wurden sie zu dem Wunderwerk, das Eure Körper heute sind. Auf diese Weise wurden auch männliche und weibliche Körper geschaffen, der Urmann und die Urfrau, und deshalb gibt es heute Männer und Frauen. Und endlich war es auch möglich, die Liebe, die die Götter füreinander und für die ganze Schöpfung empfanden, zum Ausdruck zu bringen. Sie erschufen die Sexualität als Göttlichen Ausdruck der Umfassenden Liebe auf der Materiellen Basis.

Nachdem nun jeder Gott in einem Körper lebte, verwurzelten sie sich mehr und mehr auf der Erde und im gleichen Ausmaß begannen sie zu vergessen, wer sie wirklich waren. Sie vergaßen ihre Göttlichkeit, wurden immer „menschlicher“ und entwickelten sich von ihrer Göttlichkeit weg. Dieses Wegentwickeln vom Ursprung führte zu all dem, was Ihr heute kennt und worunter Ihr leidet: Probleme aller Art, Krankheiten, Leid, Kriege, Hass, Armut, Tod und Elend.

Die Menschen haben bis heute vollständig vergessen, dass sie Götter sind, die Leben spielen.

Wie Kinder, die im Sonnenschein im Garten ein Spiel spielen. Zu ihrer Freude, zu ihrem Vergnügen.

Und deshalb habe Ich gesagt, dass Ihr sein sollt wie die Kinder!

Jetzt ist die Zeit da zum Er-innern an die Eigene Göttlichkeit, zum Er-innern, dass das Leben ein Spiel ist. Ein Spiel, das von Göttern erfunden und begonnen wurde.

Das Leben ist Dir also gegeben zu Deiner Freude, als Mittel für Fortschritt und Wachstum. In diesem Sinn sollst Du Dein Leben bestmöglich nutzen, keinen Tag verschwenden. Jede Sekunde, die Du nicht in Frieden und Freude verbringst, ist ein Hinweis darauf, dass Du Dein Leben nicht optimal nutzt. Erforderlich sind Innere Einkehr und Neuorientierung.

Ihr alle sollt das haben, was Ihr ein „schönes" Leben nennen würdet. Dieses schöne Leben ist aber nur wenigen Menschen vorbehalten – so hat es den Anschein! Ich aber sage Euch: **Jeder Mensch hat das Angeborene Recht auf ein Leben, das seinen Wünschen und Ansprüchen gerecht wird.** Nimm dieses Recht in Anspruch! Du bist der Schöpfer Deines Lebens! Nütze Deine Fähigkeiten!

Das Ziel Deines Lebens ist einerseits das Erfüllen Deiner Lebensaufgabe und andererseits die Erhöhung Deines Bewusstseins, was wiederum ein Teil Deiner Lebensaufgabe ist, denn Du sollst Deine Göttlichkeit erkennen, wiederfinden in Dir. Erreichst Du Dein Ziel nicht in einem Leben, so stehen Dir so viele Leben zur Verfügung wie Du eben brauchst. Es gibt hier keine Beschränkungen, denn es ist Mein Wille, dass jeder von Euch sein Ziel erreichen kann.

Du lebst **Dein** Leben und nicht das eines anderen Menschen. Finde Deinen Eigenen Weg und gehe Deinen Eigenen Weg. Deine Seele kennt ihn – frag sie! Geh in Frieden, Freude, Harmonie, Gelassenheit, Weisheit und

Liebe – in dem Bewusstsein, am richtigen Weg zu sein. Lass Dich nicht aufhalten von den Meinungen und Ansichten anderer, tue das, was Dich zu Bewusstsein, zum Wissen um Deine Göttlichkeit, bringt.

GEH DEINEN WEG INS LICHT!

Ihr Menschen glaubt außerdem, dass der Tod das Ende des Lebens ist. Diese Vorstellung beruht auf dem Vergessen der Seele, der EWIGES LEBEN zuteil ist. Ewiges Leben schließt die Existenz des Todes aus. Auf der Ewigkeit beruht der Kosmos und auch das Leben.

Dies ist ein Grundprinzip, das durch keinen Glauben außer Kraft gesetzt werden kann.

Nur Ich kann diesen Grundsatz ändern und das werde Ich nicht tun, da dies dem Kosmischen Gesetz der Liebe widerspräche. Vergesst den Tod und fürchtet Euch nicht! Der Tod ist ein rein menschliches Gedankengebilde, eine Illusion. Ihr fürchtet Euch vor einer Illusion!

Die meisten Menschen fürchten sich vor dem Tod. Diese Angst zeigt den geringen Grad des Bewusstseins und ein grundsätzliches Unverständnis des Kosmischen Gesetzes des Rhythmus und der Wiedergeburt.

Der Tod ist nicht das Ende,
sondern das Ziel des Lebens.

Deine Seele verlässt den toten Körper und existiert als transformiertes Energiefeld weiter. In der Zeitspanne vor der Wiedergeburt, die individuell verschieden lang ist, werden sämtliche Leben betrachtet, festgestellt, welche Erkenntnisse vorhanden sind und welche Erfahrungen noch gemacht werden müssen, und in der Folge, auf der Basis der bisher gesammelten Erkenntnisse, das Neue Leben geplant. Zeitpunkt, Ort, Lebensumstände werden ausgesucht und festgelegt.

Wenn es dann so weit ist, tritt die Seele wieder in einen Körper ein und umgibt diesen, eine Aura entsteht – die Wiedergeburt ist vollzogen. Und ein Neues Leben beginnt.

Nach dem Tod geht das Leben weiter – zuerst auf einer Geistigen Ebene und dann wiederum auf dem Planeten Erde, soferne sich Deine Seele nicht entschließt, zum Beispiel in einer anderen Galaxie zu inkarnieren. Möglich ist auch, dass Du die Wahrhafte Erleuchtung erfahren hast und somit „reif" bist, Aufgaben in der Geistigen Welt zu übernehmen.

Fürchte Dich nicht vor Deinem Eigenen Tod!

Ein Helles, Warmes Licht wird Dich erwarten, Unendliche Liebe wird Dich umfangen – Du wirst von MIR erwartet – dem LICHT und der LIEBE.

Viele Menschen verwechseln die Furcht vor dem Tod mit den Umständen, das heißt der Ursache des Todes.

Die Furcht vor dem Tod kann durch Rückführungen leicht aufgelöst werden, denn dadurch hast Du die Möglichkeit, Deinen Tod so oft zu erleben wie Du schon gelebt hast. Damit weißt Du genau, **was Dich am Ende Deines jetzigen Lebens erwartet – nämlich die Krönung Deines jetzigen Lebens – Du gehst nach Hause, ins Licht.**

Die Umstände Deines Todes kannst Du selbst bestimmen, da Du der Schöpfer Deines Lebens und damit auch Deines Todes bist. Einen so genannten „schönen Tod" muss man sich nicht verdienen, sondern sich einfach erschaffen.

Du musst Dich auch nicht vor der vorgeburtlichen Phase fürchten. Es gibt kein „Jüngstes Gericht", kein Fegefeuer, keine Hölle. Diese Szenarien sind Erfindungen von Menschen, die nur dazu dienen, über andere Menschen Macht auszuüben. Wenn Du Dir überlegst, dass Du von Mir den Freien Willen erhalten hast, dann wirst Du verstehen, dass es Mir unmöglich ist, Dich dafür, dass Du Deinen Freien Willen nutzt, zu bestrafen! Damit würde ich Mich selbst ad absurdum führen! Dies wäre außerdem ein Eingriff in die Ordnung des Kosmos, der das ganze System in Frage stellen und das Kosmische Gleichgewicht gefährden würde. Die einzige Hölle, in der Du leben kannst, ist die, die Du Dir selber verursachst, nämlich durch die Manifestation Deiner negativen Gedanken in der Realität. Wenn Du in Deiner persönlichen Hölle leben willst, dann entspricht dies ganz alleine Deinem Freien Willen! Nicht Ich habe Dich dazu verurteilt!

Trauert nicht um die, die gestorben sind.
Sie haben ihr Ziel erreicht, ihre Aufgaben erfüllt.

Die Seele des Verstorbenen ist immer bei seinen Lieben, allerdings in einer anderen, transformierten, Form. Dem Verfall preisgegeben wird nur der Körper, die Seele ist unsterblich.

Und daher kannst Du mit Verstorbenen genauso kommunizieren wie mit Lebenden, indem Du mit dem, was den Menschen ausgemacht hat, nämlich seiner Seele, weiterhin sprichst oder Gedanken in Bilderform übermittelst. Diese Seele „bewacht" und „beschützt" Dich und ist immer bei Dir, begleitet Dich. Wenn Du den Weg ins Licht gehst, wirst Du auch die Fähigkeit erlangen, diese Seele als strahlende „Lichtkugel" zu sehen, mit ihr zu sprechen und ihre Antwort zu hören.

Wenn Du um einen geliebten Menschen trauerst, dann denk daran, dass Du diesen geliebten Menschen als Teil von Allem, was ist, nicht verloren hast, sondern nur seinen Körper."

„Hast Du noch nie bewusst

in das lachende Gesicht eines Kindes geblickt,
in die treuen Augen eines Hundes geschaut,
Dein Spiegelbild in einem klaren Bergsee gesehen,
die Sonne auf Deiner Haut und den Wind in Deinem
Haar gespürt,
die Wandlungen des Mondes über Deinem Haus
beobachtet,
die Falten im Gesicht eines alten Menschen bewundert,
in tiefer Liebe den Körper eines geliebten Menschen
gestreichelt,
eine Sternschnuppe am Himmel entdeckt,
Dich auf das ruhige Licht einer Kerze konzentriert,
das Rollen der Wellen am Strand und das Plätschern
eines Baches gehört,
den Duft des Waldes nach dem Regen gerochen,
das Gefühl, nach Hause zu kommen, genossen,
die Vollkommenheit und Schönheit um Dich herum
wahrgenommen,
das Erblühen einer Knospe beobachtet,
in einer Wiese voller bunter Blumen gesessen,
das Strahlen der aufgehenden Sonne bemerkt,
die Schönheit einer Ähre gesehen,
einen Vogel beim Nestbau und beim Füttern seiner
Jungen beobachtet,

die absolute Ruhe in Dir gespürt,
bemerkt, wie gut Dir echte Liebe tut,
in Frieden gelebt,
ein Samenkorn gepflanzt und die Früchte geerntet,
aus tiefem Herzen bedingungslos geliebt,
auf das Leben und die Göttliche Kraft vertraut,
Dich im Fluss des Lebens treiben lassen,
Dein Wahres Selbst entfaltet,
das Ziehen der Wolken am Himmel verfolgt,
die Vielfalt der Einheit bemerkt,
Deine Aufmerksamkeit Deiner Seele geschenkt,
persönlich einem Menschen in Not geholfen,
das Blinken der Sterne gesehen,
ein Blatt im Wandel der Jahreszeiten beobachtet,
eine Seerose im stillen Teich bewundert,
gesehen, wie die Sonne am Morgen den Nebel auflöst
und den Himmel rosa färbt,
das Schnurren einer Katze gehört,
allen, die Dich lieben, gedankt,
Deiner Mutter,
die Dir das Leben geschenkt hat,
einen großen Wunsch erfüllt
und sie in den Arm genommen
und ihr Deine Liebe gezeigt,

dann hast Du noch nie gelebt!"

... über die Kosmischen Gesetze, den Freien Willen und die Freiheit

„Die Kosmischen Gesetze sind die Absolute Ordnung, die Basis für das Funktionieren der Welten.

Die Kosmischen Gesetze sind die **Einzigen Gesetze**, die **Ich** jemals aufgestellt habe und dienen der Organisation des gesamten Universums.

Alles, was ist, unterliegt den Kosmischen Gesetzen.

Sie sind die Allumfassenden Gesetzmäßigkeiten, die seit Anbeginn der Zeiten das Sein von Allem, was ist, regeln.

ICH habe die Kosmischen Gesetze in Kraft gesetzt.

Ich habe Euch aber auch den Freien Willen gegeben. Das bedeutet, dass Ihr in allen Handlungen und Entscheidungen völlig frei seid! Ich zwinge Euch zu nichts. Ich greife daher auch nicht in Euer Leben ein – ich lasse Euch Euren Freien Willen – was auch immer Ihr damit macht und welche Konsequenzen auch immer Euer Verhalten nach sich zieht. Wenn Du etwas als Meinen Willen erkennst und trotzdem etwas anderes tust, ist das alleine Deine Entscheidung.

Ich habe jedem von Euch den Freien Willen gegeben, weil dies dem Kosmischen Gesetz der Freiheit entspricht.

Die Freiheit Deines Willens ist ein Teil Deines Geistigen Erbes, das Dir als Mein Kind zusteht.

Ihr Menschen fragt Mich, warum Ich etwas, zum Beispiel Kriege, Hungersnöte, Seuchen, Naturkatastrophen nicht verhindere. Die Antwort ist einfach: Ich habe Euch geschaffen und mit einem Freien Willen ausgestattet. Diesen Willen setzt Ihr ein und daraus entstehen Folgen. All diese Dinge, die Ich verhindern soll, entspringen Eurem Kollektiven Bewusstsein. Ihr alle seid Schöpfer und erschafft somit Eure Realität!

Weil Ich Euch liebe, habe Ich Euch den Freien Willen gegeben – und egal, was auch immer Ihr auf Grund des Freien Willens für Euch erschafft: Ich liebe Euch!

Ihr seid Meine Kinder und Ihr seid frei!

Die Freiheit Eures Willens entspricht einem Kosmischen Gesetz, das in der Unendlichkeit schon unendlich lange gilt, jetzt gilt und immer gelten wird. Wenn Ich diese Katastrophen, die Ihr Euch erschafft, verhinderte, dann nähme Ich Euch den Euch zustehenden Freien Willen. Damit würde Ich ein Kosmisches Gesetz brechen und die Gesamte Ordnung des Universums stören, ja sogar in Frage stellen. Ihr könnt jederzeit selbst Euren Freien Willen zur Verhinderung dieser Katastrophen einsetzen – Ihr habt die Macht und Kraft dazu!

Deine Seele ist absolut frei. Sie lebt in Dir, schwebt aber auch im Kosmos. Du selbst kannst sie schweben lassen und mitfliegen und die Unendliche Freiheit erleben.

Wenn Du die Freiheit Deiner Seele spüren kannst, dann bist Du immer frei.

Du kannst im Gefängnis sitzen und nie die Sonne sehen, aber Du bist frei. Eine Freiheit, die Dir niemand nehmen kann – nur Du selbst.

Du selbst begrenzt Deine Freiheit durch Gedanken, Blockaden, Schuldgefühle, negative Muster, selbst auferlegte Zwänge. Alle Zwänge, die Dir von Außen auferlegt werden, spiegeln Dir nur Deine eigenen, in Deinem Inneren vorhandenen Zwänge, mit denen Du selbst Deine Freiheit blockierst. Freiheit kann sich im Außen nur manifestieren, wenn sie in Deinem Inneren lebt. Fühlst Du Dich unfrei, dann suche die Gründe nicht im Außen, das Dir nur Deine eigene Innere Unfreiheit spiegelt, sondern in Deinem Inneren.

Die Dich einengenden, scheinbar im Außen liegenden, Zwänge sind Spiegelbilder, die es aufzulösen gilt, damit Du zu Deiner Wahren, Dir zustehenden Freiheit findest."

… über Dein Bewusstsein

„Dein Bewusstsein ist Dein Geist. Dein Bewusstsein bestimmt Deine Persönlichkeit, Deinen Charakter, Dein Aussehen, Deine Art zu sein, den Zustand Deines Körpers. Das heißt also, dass Dein Bewusstsein bestimmt, ob Du dick oder dünn, groß oder klein, krank oder gesund bist. Dein Bewusstsein ist Reine Energie, das einerseits Energie in Form von Gedanken aussendet und andererseits Energie von Außen, zum Beispiel die Gedanken anderer Menschen, aufnimmt.

Du bist Bewusstsein
und zwar schon seit Ewigen Zeiten.

Menschen identifizieren sich zumeist mit ihrem Körper, sodass sie denken, dass sie der Körper sind. Das stimmt aber nicht. Dein Körper ist nur das Werkzeug, das es Dir als EWIGES BEWUSSTSEIN ermöglicht, auf der Erde zu leben. Dein Bewusstsein ist überall in Deinem Körper und um Deinen Körper herum, ober Dir und unter Dir. Wenn Du Dich fragst, wer Du bist, dann denkst Du vielleicht, dass Du Arzt bist, weil das Dein Beruf ist, oder Du orientierst Dich an Deiner gesellschaftlichen Position, an Deinem Image, Deiner Steuerklasse, an dem Auto, das Du fährst, an Deinen Urlaubszielen, an Deinen Freunden oder einfach daran, wofür Deine Umwelt Dich hält, was sie sagt über Dich.

Ich aber sage Dir:

Alles, was auch immer Du denkst, zu sein, bist Du nicht.

Denn:

Du bist Ewiges Bewusstsein!“

... über das Kollektive Bewusstsein und das Einzelbewusstsein

„Du, als Einzelner Mensch betrachtet, bist ein Einzelbewusstsein, das heißt, dass Du Dich als Individuum siehst, das von den anderen Menschen und Lebewesen getrennt ist. Diese Ansicht ist, wie Du noch lernen wirst, falsch, jedoch wollen wir jetzt einmal davon ausgehen, dass dem so ist. Du lebst als Einzelbewusstsein, denkst und handelst als solches.

Kollektives Bewusstsein entsteht, wenn mehrere Menschen dieselben Gedanken hegen und ihnen Energie zuführen. Eine Gruppe von Menschen, die sich zum Beispiel gemeinsam einer Aufgabe widmet, hat in Bezug auf diese Aufgabe Kollektives Bewusstsein, obwohl jedes einzelne Mitglied der Gruppe als Einzelbewusstsein, als Einzelwesen, weiterhin existiert.

Du bist also immer Einzelbewusstsein und gleichzeitig Teil eines Kollektiven Bewusstseins. Menschen, die gemeinsam in einem Büro arbeiten, haben als Gruppe Kollektives Bewusstsein (in diesem Fall das Arbeitsklima), obwohl jeder Mensch Einzelbewusstsein ist. Alle Bürger eines Staates bilden ein Kollektives Bewusstsein, aber jeder Staatsbürger bleibt ein Einzelbewusstsein. Deine Familie und Deine Freunde bilden jeweils ein Kollektives Bewusstsein; ein Teil davon ist Dein Einzelbewusstsein.

Du siehst also, dass Du als Einzelbewusstsein vielen anderen Gruppen des Kollektiven Bewusstseins angehörst.

Das Einzelbewusstsein wirkt auf das Kollektive Bewusstsein und umgekehrt. Dies deshalb, weil das Einzelbewusstsein Energie, das heißt Gedanken, aussendet, die vom Kollektiven Bewusstsein aufgenommen werden, oder aber das Kollektive Bewusstsein sendet Gedankenenergien, die auf das Einzelbewusstsein wirken. Wenn Du ein starkes Einzelbewusstsein hast und Dich außerdem gegen Einflüsse von außen durch das Schützen Deiner Aura abschirmst, wirst Du vom Bewusstsein der Menge nicht so leicht zu beeinflussen sein und kannst sogar das Kollektive Bewusstsein verändern. Auf diese Weise ist es möglich, dass ein einzelner Mensch nur durch die Kraft der eigenen Gedanken ein schlechtes Betriebsklima ändert oder aber, wenn sein Einzelbewusstsein nicht stark genug ist, vom negativen Kollektiven Bewusstsein „angesteckt" wird.

Grundsätzlich solltest Du Dein Einzelbewusstsein vor dem Einfluss jedes anderen Bewusstseins bewahren. Du musst Dir vorstellen, dass Du andauernd von Unmengen von fremden Gedankenenergien „bombardiert" wirst, die sich mehr oder minder ungehindert in Deinem Bewusstsein festsetzen und Dich selbstverständlich in Deinem Denken, Deinen Meinungen und Deinen Handlungen beeinflussen. Willst Du das wirklich? Auch das ist eine der Möglichkeiten, den Freien Willen und damit die Freiheit zu verlieren. In diesen Informationsmengen, die auf Dich einfluten, verlierst Du Dich selbst, verirrst Dich, und bist schlussendlich nur mehr ein leicht manipulierbares Opfer.

Schütze also Dein Bewusstsein gegen alle Einflüsse von außen und bewahre Dir so Deine Freiheit!“

„Mensch vergiss nie:

Ich liebe Dich
und habe Dich nach Meinem Ebenbild erschaffen.
Du bist Mein Kind, Du bist wahrlich ein Kind Gottes –
Mein Kind.

Du bist Ewiges Licht,
Du bist im Ewigen Licht und
das Ewige Licht leuchtet Dir.“

... über das Ewige Licht und den Göttlichen Funken

„In Dir leuchtet ein Licht. Dieses Licht ist Deine Seele und eben dieses Licht sollst Du zum Erstrahlen, zum Leuchten, bringen.

Dieses Licht, das in Dir leuchtet, ist **Dein** Licht
und ist ein Teil von **Meinem** Licht, denn
ICH BIN DAS LICHT.
Dieses Licht in Dir ist der GÖTTLICHE FUNKE.

Denn Ich bin Das Licht und von diesem Licht trägst Du einen Funken in Dir, den Du zum Erstrahlen bringen sollst. Ganz einfach deshalb, weil Du Mein Geliebtes Kind bist.

ICH bin aber auch die Liebe und daher ist DAS LICHT
– und dadurch auch DEIN LICHT –
die Wahrhafte LIEBE.
Liebe ist die EINE KRAFT des Universums.
Alles, was ist, ist Liebe und Licht.

Das Kosmische Gesetz der Liebe ist das Höchste Kosmische Gesetz, das Oberste Gebot des Universums ist die Wahrhafte Liebe. Wenn Du den Weg ins Licht gehst, erstrahlt Deine Seele in Dir und bringt Dich von Innen zum Leuchten. Das Innere Licht wächst über Deinen Körper hinaus und umgibt Dich mit Seinem Strahlen.

Außerdem führt Dich der Weg ins Licht nach Hause,
zu Mir,
dorthin, woher Du gekommen bist.

Wenn Du den Weg ins Licht gehst, erhöhst Du Dein Bewusstsein, das heißt, Du er-innerst Dich an Dein Wahres Selbst, an Dein Wahres Sein. Du er-innerst Dich, dass Du ein Teil von Mir bist, der untrennbar mit Mir verbunden ist.

Wenn Du den Weg ins Licht gehst, trittst Du Dein Geistiges Erbe an; Du nimmst die Macht für Dich in Anspruch, die Ich Dir gegeben habe und die Meiner Macht entspricht, denn Du bist ein Teil von Mir.

Dein Weg ins Licht hat viele Abschnitte und immer wenn Du einen Abschnitt passiert hast, nimmst Du einen Teil Deines Geistigen Erbes in Besitz und erhöhst damit Dein Bewusstsein, du steigerst Dein Bewusstsein, denn Du er-innerst Dich immer mehr an Dein Wahres Sein und Deine Wahre Macht. Dies hat zur Folge, dass Du Dich immer mehr Mir näherst, Dich immer mehr mit Mir vereinigst. Und eines Tages ist es so weit: Du kommst nach Hause, zu Mir, Deinem Vater, zurück. Der verlorene Sohn kehrt heim. Dein Licht verschmilzt mit Meinem Licht, die Illusion der Trennung voneinander löst sich auf, die so genannte Realität wird als Illusion erkannt.

DAS WERK IST VOLLBRACHT.

Das Licht, von dem Ich spreche, ist das EWIGE LICHT, DAS DIR LEUCHTET. Es leuchtet Dir auf Deinem Weg und es leuchtet in Dir als Dein Göttlicher Funke, der Dich als Teil von Mir kennzeichnet. Es ist Das Licht, das Deine Heimat, Dein Zuhause ist; das Ziel, zu dem Dein Weg Dich führt.

Wenn Ihr an Eure Verstorbenen denkt und für sie betet, sprecht Ihr davon, dass Ihnen das Ewige Licht leuchten **solle**. Ihr vergesst dabei, dass auch den Lebenden das Ewige Licht leuchtet und zwar mit derselben absoluten Sicherheit wie es den Verstorbenen leuchtet. Die Formulierung, die Ihr Menschen verwendet, bringt zum Ausdruck, dass Ihr Euch des Leuchtens des Ewigen Lichtes nicht sicher seid, sondern vielmehr auf dessen Leuchten **hofft**.

Ihr könnt Euch dessen **sicher** sein!
Das Ewige Licht ist in Euch und um Euch herum –
immer und ewig, unauslöschbar!

Wenn Ihr dieses Gebet sprecht, dann klingt das eben nur nach der Hoffnung auf das Leuchten des Ewigen Lichtes und nicht nach dem Wissen um eine Absolute Tatsache. Diese Formulierung liegt darin begründet, dass Ihr immer noch glaubt, dass es eine Hölle gibt und dass an diesem Ort das Ewige Licht nicht leuchtet.

Ich aber sage Euch, dass es keine Hölle gibt, die von Mir erschaffen ist, sondern nur die Hölle, die sich jeder von

Euch selbst durch seine eigenen Gedanken erschafft. Und selbst in dieser von Dir für Dich selbst erschaffenen Hölle leuchtet das Ewige Licht, weil es eben in Dir leuchtet und weil Ich immer bei Dir bin. Und wenn Du Dich in Deiner persönlichen Hölle befindest, wird die Illusion der Trennung von Mir noch mächtiger. Du denkst in Deiner höchsten Not an Mich, hörst aber nicht auf das, was Ich Dir sage, weil Du trotz Deiner Not **nicht bereit bist, zu hören** und Du siehst Das Licht nicht, weil Du **nicht bereit bist**, Das Licht **zu sehen**.

Man hat Euch Menschen eingeredet, dass im Leiden alles Heil liegt, dass jeder von Euch Jesu Leiden und Kreuzigung auf Erden in Form seines Persönlichen Schicksals ertragen muss, um „in den Himmel zu kommen". Damit „sühnt" Ihr Eure Sünden.

Und deshalb glaubst Du, dass es in Ordnung ist, zu leiden, ja sogar not-wendig (!) ist und deshalb **hörst Du nicht** und deshalb **siehst Du nicht**. Es liegt einzig und allein an Deinem Glauben! Und weil Du nicht siehst und weil Du nicht hörst, denkst Du, dass **Ich Dich** verlassen habe. Du nimmst Dein Elend an in dem Glauben, dass Du damit Sünden abbüßt und hoffst auf die Erlösung, darauf, dass Du in den Himmel, in das Paradies, kommst. Und nicht einmal diese Hoffnung ist stark, weil man Dir gesagt hat, dass Du **unwürdig** bist!

Und auch das glaubst Du!

Befreie Dich von all diesen furchtbaren Gedanken!
Verharre nicht in Dunkelheit und Finsternis!

Ich will nicht, dass Du an diesem trüben Ort verweilst,
nur **Du willst** das!

Ich sage Dir, dass ICH Dich liebe, dass Ich Dir den
Freien Willen gegeben habe,
und dass Du dieselbe Macht hast wie ICH sie habe.

Es gibt nur zwei Beschränkungen Deiner Macht:

1. Du kannst Dich **niemals** selbst zerstören. Du kannst Deinen Körper zerstören, aber niemals Deine Seele, denn sie ist ein Teil von Mir. Wenn Du Deine Seele töten könntest, würdest Du Mich „töten" und damit das Universum zerstören.
2. Du kannst **niemals** die Kosmischen Gesetze ändern. Du kannst die Kosmischen Gesetze befolgen, ignorieren oder dagegen verstoßen. All das unterliegt Deinem Freien Willen. Es unterläge auch Deinem Freien Willen, die Kosmischen Gesetze abzuändern, jedoch hast Du nicht die Macht dazu. Die Kosmischen Gesetze sind die Basis des Universums; sie garantieren in ihrer Ewigen Gültigkeit den Fortbestand der Unendlichkeit. Daher habe nur Ich die Macht zur Änderung der Kosmischen Gesetze.

Du kannst Jahrhunderte in der Finsternis verbringen, doch irgendwann gehst Du den Weg ins Licht, weil Du Deine

Seele, Dein Selbst, nicht zerstören und die Kosmischen Gesetze nicht abändern kannst. Damit ist sichergestellt, dass JEDER Mensch einmal – wann auch immer – den Weg ins Licht, nach Hause, geht. Der Weg ins Licht ist der Abschied von Leid, Tod, Krankheit und Finsternis.

Warum gehst Du ihn nicht gleich?
Es ist immer der richtige Augenblick!"

... über den Göttlichen Frieden

„Es gibt viele Arten von Krieg,
aber nur EINEN FRIEDEN.
Den GÖTTLICHEN FRIEDEN.

Der GÖTTLICHE FRIEDEN bedeutet absolute Stille, Ruhe, Harmonie. Dieser Frieden ist annähernd in der Meditation zu erreichen, aber nur annähernd und nicht absolut. Jede Art von Krieg schließt den Göttlichen Frieden aus. Frieden ist also die Abwesenheit von Krieg. Der Krieg beginnt schon dort, wo Du selbst mit Dir selbst im Krieg lebst, also wenn Du zum Beispiel Angst hast, zweifelst, Dich ärgerst, Dich zu wenig liebst, krank bist. Wenn Dir das Vertrauen in MICH und DEIN SELBST fehlt. Das bedeutet schon Krieg und verhindert den Göttlichen Frieden.

Suchst Du den Frieden, dann musst Du Dich vom menschlichen Begriff des Krieges lösen und es bedarf einer Neudefinition. Wenn Du den Gedanken des Göttlichen Friedens verfolgst, wirst Du feststellen, dass fast jeder Mensch auf der Erde in irgendeiner Art Krieg lebt. Der Frieden ist maximal punktuell, das heißt in einem oder mehreren Lebensbereichen vorhanden, aber nicht allumfassend. Punktueller Frieden ist aber nur menschlicher Frieden und nicht Göttlicher Frieden. Göttlicher Frieden ist absolut; punktueller Frieden ist relativ und daher kein Göttlicher

Frieden, sondern nur ein „Waffenstillstand“ in den davon betroffenen Lebensbereichen, an manchen „Fronten“ Deines Lebens.

Wenn Du wahrhaft den Göttlichen Frieden suchst, wirst Du ihn finden! Und zwar IN DIR! Wenn der Göttliche Frieden in Dir ist, dann ist er auch im Außen. Wie innen so außen. Du bist verantwortlich für Deinen Frieden, nur Du kannst ihn Dir erschaffen. Du schaffst Dir durch Deine Gedanken Deine eigene Realität; die Welt ist das, was Du denkst. Du bist der Schöpfer. Du erschaffst Dir Deinen Göttlichen Frieden. Niemand sonst.

Frieden heißt aber auch in Ruhe und Harmonie sein. Gelassen. Das ist der Zustand, in dem jeder von Euch leben soll – so habe Ich Mir das gedacht.“

... über die Göttliche Liebe

„Ich habe gesagt: „Liebe Deinen Nächsten **als** Dich selbst.“ Wenn Ich sehe, wie wenig sich der einzelne Mensch selbst liebt, wünsche Ich Mir, dass jeder den anderen **mehr** liebt als sich selbst.

Ich habe den Menschen mit Liebe erschaffen und dem Ziel, dass der Mensch in Liebe lebt. Der Mensch verleugnet Mein Werk und vernichtet selbst sein Ziel und in der Folge sein Leben als Mensch.

Darum wisse, Mensch,
das Höchste Gebot,
das Höchste Ziel ist die Liebe,
die bedingungslose, grenzenlose, allumfassende Liebe.

Und Ich habe nicht nur die Menschen mit Liebe erschaffen, sondern auch jedes andere Lebewesen, jede Pflanze, jedes Tier, jeden Stein, Euren Planeten, das Universum. Alles trägt Mein Antlitz. Alles ist ein Zeichen Meiner Liebe zu Euch. Jeder Stern, der am Himmel leuchtet, soll Euch erinnern an Euer Wahres Selbst. Jeder Bettler und jeder König bin Ich. Ich bin überall. Ich bin die Note und die Melodie.

Ich bin der Anfang und das Ende.
Ich war immer und werde immer sein.“

... über Deine Aura

„Ich habe gesagt, dass in jedem Menschen Das Licht, der Göttliche Funke, leuchtet und dass Du Das Licht, Deine Seele, zum Leuchten, zum Strahlen bringen sollst, damit es Deinen Körper umhüllt, Dich umgibt und Dich als Deine Aura schützt.

Jeder Mensch hat eine Aura, die ihn schützend umgibt. Das Vorhandensein Deiner Aura ist unabhängig von Deinem Wissen darum. Deine Aura ist, weil sie ist. Wenn Du Dein Licht zum Leuchten bringst, dann stärkst Du Deine Aura, nimmst im Bewusstsein Deines Höheren Selbst Einfluss auf Deine Aura. Deine Aura schützt Dich, denn sie umgibt Dich wie ein Schutzwall, der negative Gedanken und Emotionen anderer Menschen von Dir fern hält und so verhindert, dass Du negativ beeinflusst wirst. Wie gut Deine Aura ihre Aufgabe erfüllt, hängt davon ab, wie sehr Du Dich um sie kümmerst, sie pflegst und stärkst. Ist Deine Aura schwach, dann wird sie unerwünschte Einflüsse wenig oder gar nicht abblocken. Eine gesunde Aura hingegen stellt einen unüberwindlichen Schutz dar. Eine gesunde Aura umgibt Dich eiförmig in einem Ausmaß von einem bis zwei Meter. Du kannst Deine Aura durch die Kraft Deiner Gedanken, Deines Bewusstseins, bis in die Unendlichkeit ausdehnen. Wenn Du den Weg ins Licht gehst, Dein Bewusstsein erhöhst, erweiterst Du auch automatisch Deine Aura.

Wenn zwei oder mehrere Menschen einander begegnen, überschneidet sich die Aura jedes einzelnen mit der des oder der anderen Menschen. Wie nahe Du einen anderen Menschen an Dich heranlässt, hängt davon ab, ob es von Dir erwünscht ist, dass sich dessen Aura mit der Deinen „vermischt" oder nicht. Zu Menschen, die man liebt, besteht das engste Naheverhältnis, sodass die absolute Nähe sogar erwünscht ist. Je „fremder" ein Mensch ist, desto weniger will man ihn intensiv in der eigenen Nähe haben, desto weniger lässt man ihn an sich heran. Das liegt daran, dass die Aura die Schwingung empfängt, die ein anderer Mensch ausstrahlt und diese an das Bewusstsein weitermeldet. Die so übermittelte Information wird dem Menschen als Gefühl bewusst und bestimmt seine Reaktion auf den anderen Menschen. Sympathie, Antipathie, Liebe, Freude, Angst et cetera entstehen auf diese Weise.

So geschieht es auch, dass Du Menschen in Deine Nähe, Dein Leben, ziehst, die dieselbe Schwingungsfrequenz haben wie Du. Gleiches zieht Gleiches an. Liebe zieht Liebe an. Wut und Aggression ziehen die geeigneten „Opfer" an, nämlich **genau jene Menschen**, die sich **genau davor fürchten**, denn Angst zieht **genau das Gefürchtete** ins Leben. Wenn Du grundsätzlich und immer Liebe ausstrahlst, wirst Du nur Liebe in Dein Leben ziehen und niemals das „Opfer" eines anderen sein. Bedingungslose, allumfassende Liebe ist das höchste Prinzip und neutralisiert alle anderen Schwingungen.

Es gibt grundsätzlich nur zwei Gefühle: Liebe und Angst. Alle „positiven" Gefühle sind verschiedene Ausdrucksformen von Liebe und alle „negativen" Gefühle sind verschiedene Ausdrucksformen der Angst. Wenn Du das weißt, kannst Du jederzeit Deine Gefühle harmonisieren, indem Du Dich immer wieder der Liebe zuwendest.

Mit Hilfe Deiner Aura kannst Du alles, was Du in Deinem Leben haben willst, zu Dir ziehen, und all das, was Du empfinden möchtest, manifestieren. Wenn Du am Abend schon voller Grauen an den nächsten Tag denkst, dann füllst Du Deine Aura schon mit diesem negativen Gefühl, sodass der nächste Tag wirklich grauenvoll sein wird, ja sogar sein muss, denn Deine eigene negative Schwingung wird gleichartige negative Schwingungen in Dein Leben ziehen – und dann erlebst Du genau das, was Du eigentlich gar nicht willst. Setzt Du Dich jedoch in Ruhe hin und füllst Deine Aura zum Beispiel mit Liebe, Freude, Harmonie, Glück, dann wirst Du all das am nächsten Tag fühlen und Du wirst einen schönen, erfüllten Tag haben, denn alle Menschen, denen Du begegnest, mit denen Du zu tun haben wirst, werden Dir zumindest freundlich entgegenkommen. Wenn Du in Reichtum und Wohlstand oder mit dem Partner Deiner Träume leben willst, dann fülle Deine Aura mit eben diesen Gedanken. Am einfachsten ist es, wenn Du Deinen Gefühlen oder Wünschen eine Farbe zuordnest, die Deinem Empfinden entspricht, und mit genau diesem Farbton färbst Du Deine Aura. Willst Du beispielsweise in oder mit Liebe leben, dann kannst Du Deine Aura rosa färben, willst Du Leidenschaft fühlen oder vermitteln, dann kannst Du es mit der Farbe rot versuchen.

Anfangs solltest Du den Zustand Deiner Aura mehrmals täglich überprüfen, denn Du wirst den gewünschten Zustand nicht sehr lange halten können. Es ist einfach eine Frage der Konsequenz und der Übung. Je intensiver Du Dich damit befasst und beschäftigst, desto schneller und länger wird sich Deine Aura im von Dir gewünschten Zustand befinden. Vergiss auch nicht, Deine Aura zu versiegeln, zum Beispiel mit Goldenem Licht oder einer dicken Schicht aus Diamanten, die die Aufgabe haben, alle negativen Einflüsse von Dir fern zu halten, aber sämtliche positiven Energien zu Dir vordringen zu lassen.

Du wirst in den nächsten Kapiteln erfahren, dass Du der Schöpfer Deines Lebens bist und eines Deiner Schöpfungsinstrumentarien ist Deine Aura."

... über den Menschen als „dreiteiliges Energiesystem“

„Neben Deiner Aura bist Du ein dreiteiliges Energiesystem, das aus Deinen Chakren im Inneren Deines Körpers besteht, die mit dem Äußeren, also außerhalb Deines Körpers befindlichen Energiefeld, immer verbunden sind. Das dritte Element des Energiesystems ist Deine Energiespirale, die sich in Deinem Äußeren Energiefeld, also um Dich herum, dreht. Außerdem ist Dein Körper von vielen Energiemeridianen durchzogen, die die Aufgabe haben, Energie durch den ganzen Körper zu transportieren, sodass die kleinste Faser, die kleinste Zelle, energetisch optimal versorgt ist.

I) Über das Energiefeld

Du hast also eine Aura, die durch das Leuchten Deiner Seele über Deinen Körper hinaus entsteht. Und Du hast ein Energiefeld, das Dich umgibt und aussieht wie ein Gitternetz. Ein solches Gitternetz umgibt jeden Menschen, jedes Tier, jede Pflanze, jeden Berg, Euren Planeten – Alles, was ist. Und dieses Gitternetz nenne Ich Energiefeld.

Das Energiefeld spiegelt – wie die Aura – deutlich den Zustand dessen, den es umgibt. Das optimale Energiefeld leuchtet hell; die einzelnen Linien des Gitternetzes entsprechen Goldenen Strahlen. An den Knotenpunkten des Gitternetzes entstehen hell strahlende Kugeln. Ein solches Energiefeld hält jede negative Schwingung von demjenigen, den es umgibt, fern. Die Goldenen Strahlen sind das Licht der Liebe. Die Liebe, aus der und auf Grund der Alles existiert, was ist. Du allein bist verantwortlich für Dein Energiefeld. Führe Deinem Energiefeld Licht und Liebe zu, mach es damit stark.

So stark wie Dein Energiefeld ist,
bist auch Du.
BRING DICH SELBST ZUM LEUCHTEN!

Jeder negative Gedanke, alles, was Dich krank macht, schwächt Dein Energiefeld. Je schwächer Dein Energiefeld ist, desto leichter manifestieren sich negative Einflüsse von Außen, die wiederum Dein Energiefeld schwächen. Du wirst immer energieloser und schwächer, die Lebensspirale beginnt sich nach unten, dass heißt in Richtung Erde zu drehen, anstatt nach oben in Richtung Kosmos. Die Folgen sind Disharmonie und Krankheit.

Der erste Schritt zur Heilung besteht nun darin, dass Du Dir Dein Energiefeld bewusst machst und mit Kosmischer Energie auflädst. Vergiss dabei Deine Chakren nicht, denn sie haben eine unmittelbare Verbindung zu Deinem Energiefeld; sie sind der Teil Deines Energiefeldes, der sich in Deinem Körper befindet.

II) Über die Energiespirale

Deine Energiespirale befindet sich außerhalb Deines Körpers in Deinem Energiefeld. Nachdem die Energiespirale ein Element Deines Energiesystems ist, wird jeder Mensch mit einer sich nach oben, das heißt in Richtung Kosmos, drehenden Energiespirale, der „positiven Energiespirale", geboren.

Da das Ziel des Menschen
in seiner Geistigen Entwicklung liegt,
dreht sich die Energiespirale von Geburt an nach oben.

Durch negative Gedanken, Pessimismus, negative Einflüsse von Außen und ungelöste Probleme beginnt die Energiespirale ihre Richtung zu ändern. Sie dreht sich nicht mehr in Richtung Universum zur Höchsten Energie, sondern in Richtung Erde. Dreht sich Deine Energiespirale in Richtung Erde, nenne Ich sie „negative Energiespirale".

Die Seele zieht – zumeist schon vor der Geburt – in den Körper des Menschen ein, wird mit dem Menschen geboren mit dem Ziel der Geistigen Entwicklung. Auch Kinder, die mit einer körperlichen Behinderung oder Krankheit geboren werden, haben eine sich nach oben drehende Energiespirale.

Es ist ein Kosmisches Gesetz, ein Grundsatz des Energieflusses, dass sich die Energiespirale nach oben dreht.

Nun hat aber der Mensch den Freien Willen und kann dementsprechend handeln. Die meisten Menschen wissen nicht, dass sie eine Energiespirale haben und wissen daher auch nicht, wie sie diese durch ihre Gedanken beeinflussen.

Darum sage ich Dir: Achte auf Deine Energiespirale!

Dreht sich Deine Energiespirale in Richtung Erde, dann verlierst Du die Kraft und die Orientierung in Richtung Kosmos und kommst so von dem für Dich Richtigen Weg ab. Der Mensch wird immer mehr zum Menschen als zum Erleuchteten Wesen. Er verfängt sich in seiner Menschlichkeit, sieht das Göttliche in sich selbst nicht mehr und programmiert sich selbst als Opfer des Lebens und der Umstände anstatt zum Schöpfer des eigenen Lebens zu werden. Wenn Du merkst, dass sich Deine Energiespirale in Richtung Erde dreht, führe ihr Kosmische Energie zu, richte Deine Gedankenenergie auf Deine Energiespirale und konzentriere Dich auf den Richtungswechsel auf den Kosmos zu. Du brauchst Dir diesen Vorgang nur in Deinen Gedanken vorzustellen und es geschieht, er-folgt. Kontrolliere die Drehung Deiner Energiespirale einmal oder zweimal täglich und gib ihr die richtige Richtung. Du wirst sehen, dass das Deine Lebensumstände und Deine Lebensqualität verbessert.

Deine Energiespirale umgibt Deinen Körper, das heißt, Du bist inmitten von ihr, sie dreht sich um Dich herum.

Du kannst Dir das so vorstellen: In Deinem Körper hast Du Energiezentren, Deine Hauptchakren, wobei sich das Siebente Chakra direkt über Deinem Scheitel befindet. Auf den Handflächen und Fußsohlen befinden sich Deine wichtigsten Nebenchakren. Dein Körper ist im Außen von einem Energiefeld umgeben, wobei dieses mit Deinen Chakren verbunden ist. Und in diesem Energiefeld dreht sich Deine Energiespirale. Wenn Du Dir das vorstellst, fällt es Dir leichter, Dein Energiefeld positiv zu beeinflussen. Wenn Du auf jeden einzelnen Bestandteil Deines Energiefeldes bewusst Deine positiven Gedanken richtest, kannst Du in kürzester Zeit Dein Energiesystem wieder ins Gleichgewicht bringen.

III) Über die Chakren

Dein Körper hat Energiezentren, die man Chakren nennt. Die Chakren sind ein Teil Deines Energiesystems und als solche mit Deinem Energiefeld, das auch die Energiespirale beinhaltet, verbunden.

Jedes Chakra sieht aus wie eine sich drehende Scheibe, also eigentlich wie eine Kugel, in der sich wiederum eine Spirale dreht. Diese Spirale sieht aus wie Deine Energiespirale, die sich im Äußeren Energiefeld um Deinen Körper dreht. Wie innen so außen. Dem entsprechend kann die Energiespirale in Deinem Chakra eine positive Energiespirale oder eine negative Energiespirale sein.

Jedem Chakra sind bestimmte Lebensbereiche und bestimmte Organe Deines Körpers, nämlich diejenigen, die im Einflussbereich des Chakras liegen, zugeordnet. Jedes Chakra hat die Aufgabe, „seine“ Organe mit Energie zu versorgen und das energetische Gleichgewicht zu erhalten. Konstante Disharmonien in diesen Lebensbereichen führen zu Störungen des Chakras und – auf Grund des gestörten Energieflusses – zu Krankheiten bei den dem Chakra zugehörigen Organen.

Es gibt Sieben Hauptchakren und viele Nebenchakren, von denen sich die wichtigsten auf Deinen Fußsohlen und Deinen Handflächen befinden. Diese Chakren bilden ein perfektes Energieleitungssystem und sind miteinander verbunden. Jedes Deiner Sieben Chakren ist so wichtig wie das andere, sie sind gleichwertig und gleich wichtig. Wenn nun ein Chakra durch negative Gedanken und Muster, schlechte Erinnerungen und Erfahrungen blockiert ist, kann es die Energie nicht mehr oder nur vermindert leiten. Es entsteht im Körper eine Disharmonie, die Ordnung ist gestört. Die Folge ist, dass körperliche Beschwerden auftreten, die sich zu Krankheiten auswachsen können, wenn die Ordnung, die Harmonie, der Energiefluss nicht wieder hergestellt wird.

Du kannst, indem Du bewusst in der Meditation Erdenergie oder Kosmische Energie oder eine Mischung aus Erdenergie und Kosmischer Energie durch Deine Chakren fließen lässt, diese von allen Blockaden und

Belastungen befreien und sie so wieder ins Gleichgewicht bringen. Auf diese Weise kannst Du in der Meditation auch negative Muster, innere Zwänge und Blockaden finden und diese geistig auflösen. Die Energie fließt wieder frei durch Deine Chakren und das System funktioniert zur Erhaltung Deiner Gesundheit.

Mach Dich bekannt mit Deinen Chakren und reinige sie täglich. Dann wirst Du auch sehen, wie viele negative Dinge Du an einem Tag in Dir ansammelst und die Dich in der Folge krank machen. Auf diese Weise lernst Du auch Dich selbst besser kennen, erkennst Deine Blockaden und negativen Muster. Du siehst, wo Du an Dir selbst arbeiten musst, um zu Bewusstsein zu gelangen.

Zu Deinen Sieben Chakren

1. Chakra – Das Wurzelchakra

Dieses befindet sich bei Frauen zwischen den Eierstöcken und bei Männern am unteren Wirbelsäulenansatz, also am Steißbein. Dem Wurzelchakra sind folgende Lebensbereiche zugeordnet: Geld, Beruf oder Arbeitsplatz, Verwandte, Freunde, Lebenspartner, Kinder, Eltern und alle anderen Dinge, die Deine Existenz als Mensch betreffen, also jene Bereiche, die bei Euch Menschen das hervorrufen, was Ihr „Existenzängste“ oder „Existenzprobleme“ nennt. Zum 1. Chakra gehören Wirbelsäule, Knochen, Beine, Rektum, Darm, Blut und Nebennieren. Seine Farbe ist rot.

2. Chakra – Das Milz-Chakra:

Dieses Chakra befindet sich im Bereich zwischen Unterbauch und Nabel und ist zuständig für Erfolg, Freude, Sexualenergie, Kreativität, Erotik und alle guten menschlichen Gefühle. Seine Farbe ist orange; Fortpflanzung, Nieren, Verdauung, Keimdrüsen, Prostata, Eierstöcke und Hoden werden ihm zugeordnet.

3. Chakra – Das Solarplexus-Chakra

Es liegt oberhalb des Nabels in der Mitte zwischen den Enden der Rippenbögen und ist für die Entfaltung der Persönlichkeit zuständig. In diesem Chakra entsteht der Wunsch nach Veränderung, entstehen neue Ziele und das Bedürfnis nach Realisierung der neuen Gedanken. Das 3. Chakra sorgt auch dafür, dass Du genug Kraft und Ausdauer hast, um Deine Wünsche und Ziele zu verfolgen und zu erreichen. In diesem Chakra sammelst Du auch all Deine Lebenserfahrungen des aktuellen Lebens; Deine Seele hingegen speichert sämtliche Erfahrungen aller Deiner Leben. Gelb ist die Farbe dieses Chakras und es versorgt Leber, Magen, Galle, das vegetative Nervensystem und die Bauchspeicheldrüse mit Energie.

4. Chakra – Das Herz-Chakra – Der Sitz der Liebe!

Es liegt genau in Deinem Herzen! Es ruft in Dir das Bedürfnis nach Liebe, Geborgenheit, Treue, Zusammengehörigkeit, Lebensfreude und Partnerschaft hervor. Viele Menschen bezeichnen das 4. Chakra auch als ihre Seele, oder aber es ist der Ort im Körper, an dem die Seele gesucht wird. Dem 4. Chakra werden Herz, untere Lungen, Kreislauf, Haut, Hände und die Thymusdrüse zugeordnet. Grün, Gold oder Rosa sind seine Farben.

5. Chakra – Das Hals-Chakra

Es befindet sich im unteren Teil des Halses in Höhe der Schilddrüse, am unteren Ende des Kehlkopfes. Mit Hilfe dieses Chakras bringst Du Deine Gefühle und Gedanken zum Ausdruck; es ist das Chakra der Kommunikation und des persönlichen Ausdrucks. Es ist auch das Chakra der Stimme, der Kehle, der Bronchien und der oberen Lunge, der Schilddrüse und der Nebenschilddrüse. Seine Farbe ist blau.

6. Chakra – Das Dritte Auge oder Das Stirn-Chakra

Es sitzt oberhalb der Nasenwurzel zwischen den Augenbrauen. Das Dritte Auge ist das Zentrum der Intuition, der Hellsichtigkeit, der Phantasie und der Visualisierung, das Chakra des Schöpfertums. Nase, Ohren, Augen, Gesicht, Kleinhirn und Hirnanhangdrüse gehören zum 6. Chakra, dessen Farbe lila, indigo oder lavendel ist.

7. Chakra – Das Scheitel-Chakra:

Es ist das einzige Chakra, das sich außerhalb Deines Körpers befindet, nämlich oberhalb des Scheitels. Dein Scheitel-Chakra ist zuständig für Deinen Freien Willen, Deinen Glauben, Dein Vertrauen in das Lebens, also in Mich, und die Werte Deines Lebens. Das 7. Chakra ist immer mit der Kosmischen Energie verbunden; es ist sozusagen

Dein Dir immer im unendlichen Ausmaß zur Verfügung stehender, Dir persönlich gehöriger Teil, der Kosmischen Energie. Schädel, Großhirn und Zirbeldrüse werden von ihm mit Energie versorgt; violett, weiß oder gold sind seine Farben.

Die Wichtigsten Nebenchakren

Die Wichtigsten Nebenchakren befinden sich in Deinen Handflächen, auf Deinen Fußsohlen, in den Kniekehlen und den Ellbogenbeugen, da fast alle Energiemeridiane, die durch Deinen Körper verlaufen, auch durch diese Körperteile führen. Daher führt eine Blockade der Nebenchakren ebenso zur Störung des gesamten Energiehaushaltes, weil durch sie auch die Energiemeridiane blockiert werden."

... über die Energien

„Jeder Mensch ist von Energien umgeben: Einerseits von Kosmischer Energie und andererseits von Erdenergie.

Die Kosmische Energie ist die Eine Kraft des Universums, die nie endet, die unbegrenzt und jederzeit und immer zur Verfügung steht.

Sie ist die Eine Energie, aus der Alles, was ist, besteht, und sie ist die Eine Energie, die Alles, was ist, erhält.

Die Kosmische Energie erhält Dich und Deinen Körper ebenso wie Deinen Planeten und jedes andere Lebewesen. Erdenergie entsteht aus Kosmischer Energie, denn die Erde nimmt Kosmische Energie auf und gibt diese in umgewandelter Form als Erdenergie wieder ab.

Sämtliche Lebewesen auf Eurem Planeten bedürfen zum Überleben beider Energien. Dieses Bedürfnis wird dadurch erfüllt, dass auf der Erde sowohl Kosmische Energie als auch Erdenergie in unbegrenztem Ausmaß vorhanden sind. Im Normalfall nimmt der Mensch die Erdenergie durch die Fußchakren und die Kosmische Energie mit Hilfe des Scheitel-Chakras auf.

Kosmische Energie ist am Weg ins Licht, am Weg der Bewusstwerdung, äußerst wichtig für Dich und darum erlerne den Umgang mit Deinem Scheitel-Chakra. Du kannst dann – je nach Bedarf – nur Erdenergie, nur Kosmische Energie oder eine von Dir gewünschte Mischung beider Energien Deinem Körper und Deinem Geist zuführen.

Kosmische Energie ist die Eine Energie, die Reinigungswirkung und Heilwirkung hat. Mit Kosmischer Energie reinigst Du Deine Chakren, stärkst Deine Energiezentren und Dein Energiefeld. Mit Kosmischer Energie heilst Du Disharmonien und Krankheiten Deines Körpers. Du kannst Kosmische Energie mühelos durch Dich fließen lassen und für Dich benützen. Oder Du kannst Kosmische Energie über Deine Chakren an andere Menschen weitergeben und ihnen so bei der Heilung ihrer Krankheiten und Disharmonien helfen, sie unterstützen.

Kosmische Energie gibt Dir – wie auch
die Erdenergie – Kraft, aber
Kosmische Energie ist die EINE KRAFT,
nämlich MEINE KRAFT!

Kosmische Energie ist das
GOLDENE LICHT DER LIEBE,
Das Licht, das als Funke schon in Dir leuchtet.
Das Licht, das Dich durchdringt und zum Strahlen bringt!
Das Licht der Erleuchtung!“

... über die Erdung

„Wenn Du am Weg ins Licht bist, achte darauf, dass Du immer „geerdet“ bist. Erdung heißt, dass Du fest mit der Erde verbunden bist. Du sollst Dein Bewusstsein erhöhen, aber dennoch mit der Erde fest verbunden bleiben, denn schließlich lebst Du noch auf diesem Planeten.

Du erdest Dich, indem Du Dir von Deinem Wurzelchakra ausgehend eine Wurzel, ein Seil mit einem Anker oder was Deiner Vorstellung am besten entspricht, vorstellst. Diese Wurzel verbindest Du mit dem Mittelpunkt der Erde und verankerst Dich dort. Vielleicht musst Du diesen Vorgang mehrmals wiederholen bis Du geerdet bist.

Die Erdung gibt Dir das Gefühl, mit beiden Beinen „fest am Boden zu stehen“. Sie verleiht Dir Standfestigkeit und Gleichgewicht, was Du beides für Deinen menschlichen Alltag brauchst. Wenn Du das Gefühl hast, dass Dich jemand aus der Fassung bringt oder dass Du „den Boden unter den Füßen verlierst“, dann bist Du nicht mehr geerdet! Dein Zustand wird sich sofort verbessern, wenn Du Dich wiederum erdest.

Achte also auf Deine Erdung,
kontrolliere sie mehrmals täglich!

Wenn Du an die Erdung gewöhnt bist, wirst Du es sofort bemerken, wenn sie aufgehoben ist.

Über Deine Erdungsschnur kannst Du Dir auch jederzeit Erdenergie holen, wenn Du sie brauchst. Sie funktioniert wie ein Stromkabel – allerdings in zwei Richtungen. Einerseits kannst Du Erdenergie beziehen und andererseits negative Energien und Belastungen, die sich in Deinem Körper sammeln, über diese Leitung an die Erde abgeben und so aus Deinem Körper entfernen. Du kannst Kosmische Energie über Dein Scheitel-Chakra in Deinen Körper fließen lassen, um Heilung und Reinigung zu erwirken, und die verbrauchte Kosmische Energie über die Erdungsschnur an die Erde abgeben. Du kannst aber auch Erdenergie und Kosmische Energie in einem Dir genehmen Mischungsverhältnis in einem Chakra zusammenfließen lassen und von dort über Deinen ganzen Körper verteilen. Alles ist möglich – wähle die Variante, die für Dich in dem Moment die optimalste ist.

Wenn Du weißt, dass eine schwierige Situation auf Dich zukommt, kannst Du Dich auch mehrfach erden. Du erdest Dich nicht nur über Dein Wurzelchakra, sondern auch über die Nebenchakren, die sich in Deinen Fußsohlen befinden. Du stellst Dir, ausgehend von Deinen Fußsohlen Erdungsschnüre vor, die Du mit dem Erdmittelpunkt verbindest. So bist Du dreifach geerdet und erhöhst damit Deine Standfestigkeit.

Überprüfe immer wieder, ob Deine Erdung noch gegeben ist. Anfangs ist es nämlich bei den meisten Menschen so, dass sie genau dann, wenn sie die Erdung am dringendsten brauchen, diese verlieren. Mit einiger Übung ist die Erdung sofort wiederherstellbar und Du befindest Dich wieder auf sicherem Boden."

... über das Schöpfertum

„ICH BIN DER SCHÖPFER
von Allem, was ist.

Du bist ein Teil von Mir. Du hast alle Fähigkeiten, die Ich habe. Jeden Augenblick Deines Seins erschaffst Du Dein zukünftiges Sein.

DU BIST DER SCHÖPFER!

Jede Sekunde Deines Lebens hast Du Dir selbst erschaffen. Es gibt nur einen Verursacher – nämlich Dich!

Es ist sehr wichtig für Dich, dass Du dieses Kosmische Gesetz und die daraus für Dich entstehenden Folgen verstehst. In diesem Ersten Buch soll dieses Prinzip nur grundsätzlich erklärt werden; denn eine umfassende Darstellung geht über dessen Rahmen hinaus, wird aber in einem Weiteren Buch nachzulesen sein.

Das Kosmische Gesetz von Ursache und Wirkung besagt, dass sich jeder Gedanke, den Du aussendest, in Deinem Leben als Deine Realität manifestieren muss. Der Grund dafür liegt darin, dass Gedanken Energie sind. Mit Deinen Gedanken erschaffst Du ein Bild, auch wenn Dir das gar nicht bewusst ist: Du denkst in Bildern. Wenn Du nun dieses Gedanken-Bild festhältst, indem Du immer wieder daran denkst, darüber nachgrübelst, führst Du diesem Gedanken-Bild immer wieder Energie zu. Deine Gedanken-Energie füllt das Bild aus, erfüllt es mit Leben, und zwar so lange, bis dem Bild so viel Energie zugeführt wird, dass es eine „Eigendynamik" erhält, dass heißt, dass es sich quasi „selbstständig" macht. Aus dieser Selbstständigkeit folgt, dass sich Dein Gedanken-Bild in Deinem Leben als Realität manifestiert. Du lebst plötzlich in Deinem eigenen Bild, das Du für Deine eigene Welt geschaffen hast.

Ein Gedanken-Bild, das dem Kollektiven Bewusstsein entspringt, manifestiert sich dementsprechend in der Realität all der Menschen, die diesen Gedanken geteilt und ausgesendet haben.

Wenn Du also nur Negatives denkst, wirst Du kein erfülltes, glückliches Leben haben. Hast Du immer nur Gute Gedanken, dann erschaffst Du Dir das Deinen Guten Gedanken entsprechende Leben.

ACHTE AUF DEINE GEDANKEN!
DU BIST EIN SCHÖPFER!"

... über die Schwingung von Gedanken

„Nachdem Du der Schöpfer Deines Lebens bist, änderst Du mit jedem Gedanken Deine Innenwelt und die Außenwelt.

Jeder Gedanke ist energetische Schwingung, die von einem Menschen ausgesendet und von anderen Menschen „aufgefangen" und im Unterbewusstsein „abgespeichert" wird. Dieser Umstand ist den wenigsten Menschen bekannt. Manche Menschen haben besondere Fähigkeiten im Umgang mit diesen Schwingungen und können daher – wie Ihr es formuliert – „Gedanken lesen".

Daher treffen Dich positive wie auch negative Gedanken anderer Menschen als energetische Schwingung. Darum hüte Dich nicht nur vor Deinen eigenen negativen Gedanken, sondern auch vor denen der anderen.

Höre nur, was Du wirklich hören willst,
sieh nur, was Du wirklich sehen willst,
sage nur, was Du mit Liebe und Weisheit sagen kannst.

Ummantle Deine Aura mit einer Goldenen Schutzschicht, um negative Schwingungen von Dir abzuhalten. Negative Schwingungen setzen sich in Deiner Aura fest, beeinflussen Dich und können Dich krank machen. Begegnet Dir ein Mensch auf eine negative Art, so antworte voll

Liebe, denn so neutralisierst Du die negativen Schwingungen für Dich.

Alles, was Du gibst, wird auf vielfache Weise zu Dir zurückkommen. Das Positive wie das Negative. Daher gib Liebe und sei voll Liebe.

Liebe ist das Höchste Gesetz des Universums."

... über das, was er-folgt

„Erfolg, ob er nun „positiv" oder „negativ" ist, führst Du selbst herbei, denn Du bist der Schöpfer Deines Lebens. Erfolg ist das, was **er-folgt**, das heißt, es handelt sich um eine Reaktion auf eine von Dir gesetzte Aktion. Die Aktion setzt Du immer mit Hilfe Deiner Gedanken oder durch Handlungen; dadurch setzt Du die Ursache. Wenn Du einen Gedanken immer wieder wiederholst, führst Du ihm Energie zu. Wenn von Dir genügend Energie „verschickt" wurde, manifestiert sich der Gedanke als Realität, es zeigt sich die Wirkung der von Dir gesetzten Ursache.

Das ist das Kosmische Gesetz von Ursache und Wirkung.

Nachdem es im Kosmos keinen Filter für schlechte, negative Gedanken gibt, weil es eben keine Unterteilung in Gut und Schlecht gibt, manifestiert sich das Gute wie das Schlechte. Der Erfolg ist also die Wirkung einer Ursache, die er-folgt. Das, was er-folgt, wird von Dir mental erzeugt. Daher wirst Du jetzt auch verstehen, warum es so wichtig ist für Dich, Deine Gedanken zu kontrollieren. Einen einmal ausgesandten Gedanken kannst Du nicht mehr zurückholen und auf diese Weise „unschädlich" machen. Du hast aber die Möglichkeit, das Bild, das Deinen Gedanken repräsentiert, mental im „Feuer der Liebe" zu verbrennen. Du imaginierst ein Feuer, „wirfst" das Bild hinein, verabschiedest Dich in Liebe von ihm, lässt es verbrennen und verwandelst die Asche in Goldenes Licht. Auf diese Weise kannst Du verhindern, dass Deine Gedanken zu Dir zurückkommen.

Wenn Du das Kosmische Gesetz von Ursache und Wirkung verstanden hast, erkennst Du, dass Du der Schöpfer Deines Lebens bist, der Autor, der das Drehbuch schreibt. Du hast für jeden Umstand Deines Lebens die „Schuld" nur bei Dir zu suchen; Du alleine trägst die Verantwortung. Das „grausame" Schicksal gibt es nicht. Das Kosmische Gesetz von Ursache und Wirkung gilt sowohl für das Einzelbewusstsein als auch für das Kollektive Bewusstsein. Wie im Großen so auch im Kleinen.

Daher ist es sinnlos, die Welt von außen verändern zu wollen, denn sie ist lediglich die Manifestation Deiner Gedanken und kann nicht im Außen, sondern nur von Innen verändert werden.

Ihr Menschen seht nur die Welt,
aber Ihr begreift Euch nicht als deren Verursacher.
Ändere Deine Gedanken und verändere damit die Welt!"

... über die Verbindung von Seelen

„Seelen helfen einander gegenseitig. So wie jede Seele mit dem Körper „ihres Menschen“ und mit Mir verbunden ist, ist jede Seele auch mit jeder anderen Seele verbunden. Jede Seele ist ein Teil des Ganzen, Ich bin jede Seele und jede Seele ist Ich. Seelen von Menschen, die miteinander leben, arbeiten, Freunde sind, haben einen besonderen Kontakt zueinander, eine besondere Verbindung und Bindung. Dies ist eine besondere Gruppe von Menschen, eine Schicksalsgemeinschaft. Die Seelen dieser Menschen haben in der vorgeburtlichen Phase beschlossen, miteinander zu leben und zu wachsen, Aufgaben zu bewältigen.

**Probleme, die sich Dir stellen, sind Aufgaben,
die Du zu Deiner Weiterentwicklung lösen musst.
Das ist der Grund,
warum Du überhaupt ein Problem hast!**

Hast Du nun ein Problem mit einem anderen Menschen, mit seinem Verhalten Dir gegenüber, dann bedenke das Folgende: Grundsätzlich ist es so, dass jeder Mensch ein Spiegelbild eines anderen Menschen ist. Wenn also ein anderer Mensch zu Dir unfreundlich ist, dann zeigt er Dir damit, dass Du in irgendeinem Bereich Deines Lebens zu Dir selbst unfreundlich bist. Wenn ein Mensch Dich kritisiert, gering schätzt, dann spiegelt er Dir, dass Du Dich selbst andauernd kritisierst und gering schätzt, dass Du also Deinen Wahren Wert nicht oder noch nicht vollständig erkannt hast.

Ein Mensch spiegelt dem anderen Menschen dessen eigene Defizite.

Wenn Du das Spiegelbild, also Dein eigenes Dir gespiegeltes Defizit, richtig auflöst, tritt Wachstum und Entwicklung ein. In dem Maß, in dem das Spiegelbild richtig aufgelöst wird, verändert sich der andere spiegelnde Mensch in seinem Verhalten Dir gegenüber, weil Dir dessen Seele kein Problem oder Defizit mehr aufzeigen muss.

Wird das Spiegelbild nicht richtig aufgelöst, steigert der spiegelnde Mensch sein Verhalten, es wird ausgeprägter und immer schlimmer; so lange, bis der Mensch, dem etwas gespiegelt wird, auf den für ihn richtigen Weg kommt. Eine solche Spiegelgemeinschaft muss nicht aus mindestens zwei Menschen bestehen. Auch das Alleinsein, die Einsamkeit, ist ein Partner.

Darum sei Dir gesagt:
Flüchte nicht aus unliebsamen Situationen, sondern gehe in Dich und frage Deine Seele:
„Wo ist mein Weg?"

Deine Seele wird ihn Dir weisen. Ein Mensch, der einem gespiegelten Verhalten ausweicht und davor flüchtet, wird immer wieder vor demselben Problem stehen, solange, bis es endlich gelöst ist. Menschen tragen dasselbe Problem oft durch viele Leben, weil sie immer wieder ausgewichen sind und sich nicht gestellt haben.

Darum Mensch, nimm Deine Probleme in Liebe an
und löse sie in Liebe.
Frag Deine Seele,
die in Unendlicher Weisheit alle Antworten kennt.“

… über Botschaften

„Jeder Mensch, dem Du begegnest, hat eine Botschaft für Dich, denn Deine Seele zieht Menschen an, die Du für Deine Weiterentwicklung brauchst. Keine Botschaft ist zu gering, um beachtet zu werden. Höre gut zu, was Dir gesagt wird! Wichtige Botschaften werden Dir durch die unterschiedlichsten Leute, oft auch fremden Menschen, vermittelt. Wichtig ist eine Botschaft vor allem dann, wenn sie oftmals wiederholt wird, wenn Dir also mehrere Leute das Gleiche erzählen. Sei hellhörig und offen. Achte jede Botschaft, egal von wem sie kommt. Auch ein Bettler kann eine Botschaft für einen Millionär haben. Entscheide Dich mit Liebe und Weisheit, ob Du diese Botschaft annehmen willst oder auch nicht. Du hast Deinen Freien Willen.

Denke also daran, dass jede Kleinigkeit, die Dir auffällt, jede Begegnung, jedes Wort, das Du hörst oder liest, eine Botschaft für Dich enthält. Dieselbe Situation erscheint zwei Menschen, die sie miteinander erleben, unter Umständen völlig anders, weil nach dem Kosmischen Gesetz der Resonanz jeder Beteiligte nur den Teil erlebt, für den er empfänglich ist. Was dem einen Menschen auffällt, fällt dem anderen Menschen nicht auf oder aber er sieht es ganz anders. Es ist eine Frage der Resonanzfähigkeit, denn jede Seele spricht in einer Situation nur auf das an, was für sie wichtig ist, nur das fällt ihr auf. Somit empfangen mehrere Menschen in einer miteinander erlebten Situation die unterschiedlichsten Botschaften – jeder erhält die, die für ihn wichtig ist.

Darum sei wachsam und achte auf alles, was um Dich herum geschieht. Ich spreche jede Sekunde Deines Lebens mit Dir – auf unendlich viele Arten.

Sei offen und Du wirst Mich hören und sehen."

... über Seelenpartner

„Seelenpartner sind Menschen, deren Seelen diese beiden Menschen zusammengeführt haben, weil sie optimal aneinander und miteinander wachsen können, entsprechend dem Kosmischen Gesetz des Wachstums, des Fortschritts und der Evolution.

Optimal ist es, wenn ein Partner sämtliche Defizite des anderen abdeckt und umgekehrt. So spiegelt einer dem anderen ununterbrochen dessen Defizite und der andere hat die Möglichkeit, das Spiegelbild aufzulösen und so heil zu werden. Aber auch jede andere Partnerschaft, in der nicht die Gesamtheit der Defizite gespiegelt wird, ist gut.

Partnerschaft ist jede Beziehung zu einem anderen Menschen mit einem räumlichen oder zeitlichen Naheverhältnis, also Lebensgefährten, Freunde, das Eltern-Kind-Verhältnis, das Verhältnis zwischen Geschwistern oder aber auch die Beziehung zwischen Arbeitskollegen und das Verhältnis zwischen Arbeitgeber und Angestellten. All diese Beziehungen sind kein Zufall.

Wenn alle Spiegelbilder aufgelöst sind und Harmonie eintritt, ist es an der Zeit Lebewohl zu sagen, denn ansonsten tritt Stagnation ein, das heißt, dass ein weiteres gemeinsames Wachstum nicht möglich ist. Wenn ein weiteres Wachstum nicht möglich ist, dann kann diese Beziehung nicht mehr aufrecht erhalten werden, weil dies dem Kosmischen Gesetz der Evolution widerspräche. Daher wird der Mensch gezwungen werden, wieder den Weg des Fortschritts zu beschreiten.

Ich weiß, dass das, was Ich jetzt gesagt habe, den Menschen beunruhigt, weil er nach Sicherheit strebt und daher immer versucht, etwas oder jemanden festzuhalten. Aber das Festhaltenwollen führt zum Verlust dessen, an das sich der Mensch klammert. Deshalb, weil damit gleich mehreren Kosmischen Gesetzen widersprochen wird: Das Höchste Kosmische Gesetz ist das Gesetz der Liebe, aber Liebe kann nur dort gedeihen, wo Freiheit ist. Du kannst einen anderen nur wirklich lieben, wenn Du selbst Deine größte Liebe bist. Denn nur dann bist Du frei zu lieben und brauchst nicht den anderen Menschen, damit er Dir Liebe gibt. Festhalten führt dazu, dass der Festgehaltene versuchen wird, seine Freiheit zu leben. Dies wiederum führt dazu, dass die Liebe stirbt, weil der Drang nach Freiheit einfach größer ist.

Die Partner einer „Klammerbeziehung“ stagnieren in ihrer Entwicklung. Stagnation widerspricht dem Kosmischen Gesetz der Evolution. Beide Partner sind nicht mehr in Harmonie mit sich selbst und miteinander und zuletzt lebt keiner mehr in seinem natürlichen Rhythmus. Außerdem „klammert“ der Mensch, weil ihm nicht nur die Liebe zu sich selbst fehlt, sondern auch das Vertrauen zu sich selbst und das Vertrauen in den Fluss des Lebens.

Mangelndes Vertrauen führt zur Starrheit, zum Festhaltenwollen. Es zeigt sich in Kontrollsucht, Eifersucht, Geiz, Gier und dem Gefühl, alles selbst machen zu müssen, weil andere das „so“ nicht können.

Wenn Du Dich selbst nicht liebst, wirst Du Partner anziehen, die Dir nicht die Liebe geben, die Du brauchst. Wenn Du Dich selbst schlecht behandelst, wird Dein Partner Dich schlecht behandeln. Wenn Du Dich gering schätzt, wird Dein Partner Dich gering schätzen. So spiegelt Dein Partner Dir Deine Defizite – damit Du sie ausgleichst. Nur Beziehungen, die auf genügend Eigenliebe und Liebe für den Partner beruhen und auf dem Willen zum gemeinsamen Wachstum, können funktionieren. Dazu kann natürlich noch eine gemeinsame Aufgabe treten, wie zum Beispiel ein Kind großzuziehen.

Menschen gehen Beziehungen vielfach aus den falschen Gründen ein – Bequemlichkeit, materielle Absicherung, nicht allein sein wollen, was auch immer. Aber nichts im Außen, wirklich gar nichts, kann Dir Sicherheit bieten! Die Sicherheit kannst Du nur in Deinem Inneren finden und so auch im Außen als Deine Realität manifestieren, weil Du der Schöpfer Deines Lebens bist. Wie innen so außen.

Und der Mensch sieht nicht, dass alles, was beginnt, das Ende bereits in sich trägt. Kein Anfang ohne Ende, kein Ende ohne Anfang. In dem Moment, in dem etwas endet, nimmt bereits das Neue seinen Anfang. Alles, was beginnt, muss enden. Das ist der Rhythmus: Geburt, Tod, Wiedergeburt, Tod. Wenn nun ein geliebter Mensch – aus welchem Grund auch immer – aus Deinem Leben scheidet, sei dankbar, dass Du ihn kennen lernen durftest, mit ihm leben durftest. Die Trennung erfolgt nur deshalb, weil ihr miteinander Euer Ziel erreicht habt oder aber miteinander die Erreichung des Zieles nicht oder nicht mehr möglich ist.

Jeder von Euch geht seinen eigenen Weg, alle haben das gleiche Ziel, die Möglichkeiten, den Weg zu gehen, sind unendlich, aber alle führen zum gleichen Ziel.

Keine zwei Menschen haben exakt dasselbe Schicksal, dasselbe Leben. Daher können Lebenswege einander kreuzen und auch eine Zeitlang parallel verlaufen, um sich dann wieder zu trennen, also auseinander zu laufen.

Aber sämtliche Wege treffen sich am Horizont immer in einem Punkt, Eurem Ziel:
DEM ERKENNEN DES EWIGEN SEINS, DER GANZWERDUNG!

… über die Heiligkeit von Beziehungen

„Jede Beziehung ist eine Heilige Beziehung. Gleichgültig, ob es sich um eine Liebesbeziehung, eine Freundschaft, eine Schicksalsgemeinschaft oder aber auch um eine Feindschaft handelt. Es gibt keine zufälligen Begegnungen und Beziehungen. Beziehungen entstehen, wenn Menschen einander treffen und einer vom anderen etwas lernen soll.

Beziehungen sind heilig, denn jeder
ist zugleich Lehrer und Schüler.
Du sollst das lehren, was Du lernen sollst.

Jede Beziehung bringt Dich auf Deinem Weg ins Licht ein Stück weiter, weil sie Deinem Fortschritt, Deiner Entwicklung, dient. Das heißt also, dass diejenigen, die einander begegnen sollen, einander auch begegnen werden, weil sie miteinander, einander unterstützend, den Weg ins Licht gehen können. Wenn einer vom anderen das Maximum gelernt hat, werden sich deren Wege wieder trennen; allerdings nur scheinbar, denn eine Heilige Beziehung währt ewig und ihr werdet einander immer wieder begegnen.
So ist es.“

„Wenn ein Mensch zu Dir sagt: „Ich liebe Dich“,
dann frag Dich, ob Du Dich selbst wirklich liebst.

Wenn ein Mensch zu Dir sagt: „Ich hab Dich vergessen“,
dann frag Dich, wo Du Dein Selbst vergisst.

Wenn Du bei Deiner Arbeit Fehler machst,
dann frag Dich, ob Du Deine Wahre Berufung lebst.

Wenn jemand, der Dir wichtig ist, Deinen Geburtstag vergisst,
dann frag Dich,
warum Du nicht mit Freude Dein Leben feierst.

Wenn Du Dich verläufst, dann frag Dich,
ob Du den richtigen Weg zu Deinem Selbst gehst.

Wenn Dich Schweigen umgibt,
dann frag Dich, warum Du nicht mit Deiner Seele sprichst.

Wenn Du Dich oft müde fühlst, dann frag Dich,
warum Du nicht in Deinem persönlichen Rhythmus lebst.

Wenn Du Dich in der Dunkelheit fürchtest,
dann frag Dich, warum Du nicht Dein Inneres Licht zum
Strahlen bringst.

Wenn Du Angst hast, wenn Du alleine bist,
dann frag Dich, warum Du Dich nicht daran erinnerst,
dass Gott Dich nie verlässt.

Wenn Du Dich in Deiner Wohnung nicht wohlfühlst,
dann frag Dich,
warum Du Dich in Dir selbst nicht wohlfühlst.

Wenn Du die Schönheit der Welt nicht siehst,
dann frag Dich,
warum Du Deine eigene Schönheit verleugnest.

Wenn Du denkst, dass die Sonne nur für die anderen scheint,
dann frag Dich,
warum Du nicht in Deinem Licht erstrahlst.

Wenn Du denkst, dass das Leben ein Kampf ist,
dann frag Dich,
warum Du gegen Dich selbst kämpfst.

Wenn Du Dich vor Ablehnung oder Zurückweisung fürchtest,
dann frag Dich,
warum Du Dein Selbst verleugnest.

Wenn Du fürchtest, dass Du für andere nicht wichtig bist,
dann frag Dich,
warum Du für Dich selbst nicht wichtig bist.

Wenn Du nicht die Einheit mit Allem, was ist, siehst,
dann frag Dich, warum Du nicht in Harmonie bist.

Wenn Du Angst vor der Stille hast,
dann frag Dich, wovor Du flüchtest."

... über Liebe und Angst

„Grundsätzlich gibt es nur zwei Arten von Gefühlen: Liebe und Angst. Sie sind der Ursprung aller anderen Gefühle, die Du kennst. Liebe hebt die Illusion der Trennung von Mir auf. Angst fördert die Illusion der Trennung. Dein Ego ist zuständig für die Angst, denn es will Dich auf der Erde halten. Deine Seele will Liebe leben und geben, denn sie will Dich auf den Weg ins Licht führen.

Dein menschliches Leben besteht im Widerstreit von Liebe und Angst. Diese Zerrissenheit manifestiert sich in Deinen Problemen und Deinen Krankheiten. Liebe bedeutet Frieden, Angst bedeutet Krieg, Kampf und Auseinandersetzung. Und für die meisten Menschen ist das Leben gleichbedeutend mit Kampf. Gib diesen sinnlosen Kampf auf, indem Du Dich für die Liebe entscheidest. Du führst diesen Kampf nur gegen Dein Selbst und begibst Dich in Dunkelheit und Finsternis. Auch wenn Du denkst, dass Du gegen einen anderen Menschen kämpfst, führst Du den Krieg nur gegen Dein Selbst, gegen Dich, denn Du bist eins mit allen anderen Menschen.

ICH BIN DU.
DU BIST ICH.
WIR ALLE SIND EINS.“

... über die Angst

„FÜRCHTET EUCH NICHT!

Die meisten Menschen leben in Angst vor etwas oder jemand. Dort, wo Angst ist, kann Liebe nicht sein – Liebe und Angst schließen einander aus. Angst ist Gedankenenergie, die besonders intensiv ist. All das, wovor Du Dich fürchtest, ziehst Du in Dein Leben. Wenn Du Angst hast, machst Du Dich zum „Opfer“ und ziehst unvermeidlich den Täter an.

Wenn Du liebst und an Dein Wahres Selbst glaubst, wirst Du niemals Angst haben.

Angst ist eine Prüfung, die Dir das Leben auferlegt, um Deine Glaubensstärke und Dein Vertrauen in das Wahre Sein zu prüfen. Angst ist also der Maßstab für das Vorhandensein von Liebe in Deinem Leben: Je mehr Angst, desto weniger Liebe. Je weniger Angst, desto mehr Liebe.

Das Ziel ist es, ohne Angst
in Liebe und Vertrauen zu leben.“

... über die Wahrhafte Göttliche Liebe

„Wenn Du die Wahrhafte Liebe leben willst,
dann darfst Du nichts und niemanden von Deiner Liebe ausschließen.

Um Dich von Deinen Blockaden und negativen Mustern zu befreien, die zumeist im Zusammenhang mit anderen Menschen entstanden sind, bedarf es des Verzeihens, des bedingungslosen Verzeihens. Umfassende, Wahrhafte Liebe umfasst auch das Verzeihen. Du sollst in Wahrhafter Liebe allen Menschen verzeihen, was auch immer sie Dir angetan haben mögen. Dann bist Du frei!

Wenn Du die Wahrhafte Liebe lebst, dann hast Du schon verziehen! Daher ist es einfacher, umfassend zu lieben, als in Einzelschritten zu verzeihen.

Die Wahrhafte Göttliche Liebe bringt Dir Heilung.

Wenn Du Menschen von Deiner Liebe ausschließt, dann kann Heilung nicht er-folgen."

... über das Erlernen von Wahrhafter Göttlicher Liebe

„Eine Eurer Lebensaufgaben, die die meisten Menschen gemeinsam haben, ist das Erlernen von Liebe, und zwar das Erlernen der Liebe zu sich selbst und zu allen anderen Menschen und Lebewesen, zu Allem, was ist.

Die meisten Menschen lieben sich selbst nicht.

Die meisten Menschen lieben irgendwen, aber nicht sich selbst. Und es gibt Menschen, die lieben nicht einmal andere.

Jemand, der sich selbst liebt,
liebt automatisch auch andere,
und wird von anderen geliebt.

Die mangelnde Selbstliebe führt zu einem problembeladenen Leben, da die treibende Grundenergie fehlt.

Der Mensch ist sich selbst nichts wert.

Erfolg, egal, welcher Art, kann aber erst dann er-folgen, wenn man sich selbst den Erfolg wert ist.

Jeder von Euch hat Wünsche; viele davon gehen nicht in Erfüllung, weil Ihr Euch selbst der Erfüllung nicht wert fühlt.

Eigenliebe führt zu Selbstwert und aus Selbstwert resultiert Selbstbewusstsein:

Seines Selbst bewusst zu sein,
heißt selbstbewusst zu sein –
IM LICHT SEIN!
Dieses Licht ist das Licht der Liebe.
ICH BIN DIE LIEBE!"

... über das Äußern von Liebe

„Wenn Du einen Menschen liebst,
dann sage ihm das auch!

Viele Menschen teilen ihre negativen Gefühle, wie zum Beispiel Antipathie, Aggression, Gereiztheit, Zorn, leichter mit als positive Gefühle wie Liebe, Freundschaft, Sympathie. Warum das so ist, ist klar. Werden negative Emotionen mitgeteilt, wird der davon betroffene Mensch zurückgewiesen, das heißt, der andere wird „verletzt".

Willst Du aber Deine positiven Gefühle vermitteln, entsteht in Dir die Angst vor der Zurückweisung Deiner Gefühle, Deiner Liebe. Wenn Du selbst unter der Angst leidest, dann frag Dich einmal, wo Du Dein Selbst zurückweist. Der andere Mensch, der Deine positiven Gefühle für sich nicht annimmt oder erwidert, spiegelt Dir Deine eigene Lieblosigkeit zu Deinem Selbst!

Wie soll ein anderer Mensch Dir Liebe entgegenbringen, wenn Du
1. Dich selbst nicht liebst und
2. Deine Gefühle nicht mitteilst?

Du strahlst die Angst vor der Zurückweisung aus und es wird sich immer jemand finden, der Deine Angst zur Erfüllung bringt. Ganz einfach deshalb, weil Du immer solche

Menschen in Dein Leben ziehen wirst, ja sogar ziehen musst, um Dein eigenes Defizit zu entdecken. Die Angst äußert sich in Gedanken, die sich natürlich in der Realität manifestieren. Immer mehr Menschen gehen mit Aggressionen leichter um als mit Liebe.

Aggressionen jeder Art sind mittlerweile auf der Erde Bestandteile des Alltags.

Liebe nicht.

Ihr habt Euch bereits an alle Arten von Aggressionen gewöhnt. Seid sogar oft über ein freundliches Verhalten überrascht, nehmt es mit Erstaunen zur Kenntnis.

Ein trauriger Zustand.

Liebe ist das Höchste Kosmische Gesetz, die Basis aller anderen Kosmischen Gesetze.

Und Ihr könnt mit der Liebe nicht umgehen. Ihr habt Angst vor der Liebe! Ihr fürchtet Euch davor, das zu bekommen, was jeder von Euch so unbedingt haben will: Liebe! Die zugrunde liegende Angst ist die Angst vor der Zurückweisung, der „Verletzung".

**Sieh doch, dass Du, wenn Du Dich selbst liebst,
unverletzlich bist,
weil Du Deine Wahre Größe erkannt hast!**

Und sieh doch, dass es keine Zurückweisung gibt, denn die von Dir geäußerte Liebe kehrt um ein Vielfaches vermehrt zu Dir zurück!

Vielleicht erwidert der von Dir geliebte Mensch Deine Liebe nicht, jedoch wird Dir ein anderer Mensch um vieles mehr Liebe schenken als Du gegeben hast. Mit menschlichen Worten ausgedrückt:

Liebe zu geben ist immer eine gute Investition.

Der Mensch verwechselt Liebe mit Schwäche und Aggression mit Stärke. Es ist aber genau umgekehrt!

Liebe gibt Dir Stärke,
Aggression macht Dich schwach.

Das Energiefeld eines liebenden Menschen ist vollkommen im Gleichgewicht, die Energiespirale dreht sich in Richtung Kosmos. Durch Aggression Dir oder anderen gegenüber zersetzt Du Dein Energiefeld, Deine Energiespirale dreht sich in Richtung Erde. Fortgesetzte Aggression führt dazu, dass Du immer schwächer wirst.

Ein liebender Mensch hingegen wirkt sich auch positiv auf die Energiefelder seiner Mitmenschen aus. Die Energie der Liebe wird von den anderen aufgenommen und führt zur Stabilisierung oder Wiederherstellung des energetischen Gleichgewichtes.

Menschen, die konstant einem aggressiven Verhalten ausgesetzt sind und ihr Energiefeld nicht schützen, werden immer schwächer. Aggression zerstört nicht nur das Energiefeld des Angreifers, sondern auch das des Opfers. Daher schütze Dich, in dem Du Dich entweder mit einem Weißen Lichtwall umgibst oder aber Deine Aura mit einer Goldenen Schicht versiegelst. Du kannst auch beide Methoden gleichzeitig anwenden. Es ist wichtig, dass Du Dich in dieser Hinsicht um Dich sorgst."

... über Akzeptanz und Toleranz

„Andere Menschen zu lieben heißt, sie in ihrem So-Sein, in ihrer „Andersartigkeit", **zumindest** zu tolerieren. Akzeptanz und Toleranz sind die Grundvoraussetzungen für das Entstehen von Liebe. Die Geschichte der Menschheit zeigt, dass die Liebe fehlt. Jede Verfolgung, jeder Krieg, der nach außen manifestierte Wille, andere zu beherrschen, ist ein Zeichen nicht vorhandener Liebe. In Kosmischer Hinsicht höher entwickelte Zivilisationen führen keine Kriege – sie leben in Frieden. Das, was Ihr Euch immer wünscht.

Den Zustand des Friedens könnt Ihr erlangen, wenn jeder einzelne Mensch sich selbst liebt und damit automatisch auch alle anderen Menschen und Lebewesen, also Liebendes Einzelbewusstsein ist, und wenn Ihr Euer Kollektives Bewusstsein auf die Ebene des Liebenden Kollektiven Bewusstseins anhebt.

Ihr wünscht Euch Frieden, Ihr betet um Frieden – das ist aber auch schon alles, was Ihr tut und das ist zu wenig! Ihr selbst habt die Macht, den Frieden erstehen zu lassen! Wendet Euch nicht an andere, um Frieden zu erlangen, sondern jeder beginne bei sich selbst. Lebe in Frieden mit Dir selbst, dann mit Deiner Familie, dann mit Deinen Nachbarn – so wirst Du selbst zum Träger des Friedens, setze ein Zeichen, das andere weitertragen – und es setzt sich fort um Euren Planeten! Arbeitet daran! Hebt das Kollektive Bewusstsein! Erzieht Eure Kinder mit Liebe und zeigt ihnen den Weg des Friedens und der Liebe und macht so Eure Kinder zu Garanten des Friedens!“

... über die Selbstliebe

„Achte und liebe Dich vor allem selbst. Liebst und achtest Du Dich selbst, so liebst und achtest Du alle anderen und alles andere. Die allermeisten von Euch lieben sich selbst nicht oder zu wenig. Eure Gedanken über Euch selbst sind in erster Linie negativ. Die meisten von Euch haben auf der Erde über viele Leben hinweg nur erfahren, dass sie schlecht, nicht gut genug oder Ähnliches sind. Alle diese Gedanken und Gefühle verhindern die Liebe zu sich selbst und erzeugen krankmachende Schuldgefühle.

Andere wirklich lieben, kann nur ein Mensch, der sich selbst liebt. Ein Mensch, der sich selbst nicht liebt, braucht die Liebe von anderen Menschen; er liebt sich über andere, mit Hilfe von anderen. Das ist nicht Liebe, das ist ein Benutzen der anderen für eigene Zwecke. Wer sich selbst liebt, braucht keine anderen zum Lieben, er hat selbst genug Liebe. Er hat so viel Liebe, dass er sie verschenken kann, ohne Erwartung einer Gegenleistung. Ein Mensch, der auf diese Weise liebt, ist wahrlich frei. Er gehört sich selbst, ist von der Zustimmung von außen unabhängig. Das ist die Reine, Wahre Liebe, eine Liebe, die keine Erwartungen hegt. Diese Wahre Liebe führt zu innerer und äußerer Harmonie; der Mensch ist mit sich und seiner Umwelt im Reinen. Er schwingt harmonisch im Fluss des Lebens; voll Ruhe und Frieden, beständig und konstant. Er erfährt Liebe und Freiheit so wie Ich Liebe und Freiheit gemeint und den Menschen gegeben habe. Dieser Mensch lebt im Göttlichen Bewusstsein; er hat sein Ziel erreicht.

Suchet die Nähe solcher Menschen! Die Höhe der Schwingung ihres Bewusstseins verändert jedes andere Bewusstsein. Sei offen, dann wird ein solcher Mensch auf Dich zukommen. Es gibt viele auf der Erde, die bereits so weit fortgeschritten sind und es werden immer mehr. Meine Boten, Meine Lichtbringer sind überall. Sie reagieren auf die Schwingung, die Du ausstrahlst und werden auf Dich zukommen. Sei bereit, lass es geschehen. Deine Seele wird Dich leiten.

Liebe Dich selbst – sei selbst Deine Größte Liebe.

Nur so bist Du frei und gehörst Dir selbst, weil Du keine Zustimmung von außen brauchst. **Wenn es Dir wichtig ist, was andere über Dich denken, dann lebst Du Dein Leben nicht nach Deinen Wünschen, sondern nach der Vorstellung der anderen. Du bist nicht frei. Du gehörst nicht Dir selbst.** Es mangelt Dir an Selbstwertgefühl, denn Du brauchst andere, die Dich loben, achten und schätzen, denn das ersetzt Dir die fehlende Liebe zu Dir selbst. Auf diese Weise machst Du Dich abhängig von anderen, vom Außen. Trachte nach der Unabhängigkeit vom Außen und anderen Menschen.“

... über Liebe und Fürsorge

„Der Mangel an Liebe und Fürsorge, die Ignoranz, die Eure persönlichen Beziehungen dominiert, macht Euch krank.

Unter Liebe verstehe Ich die Liebe,
die Du für Dich selbst empfindest,
die Du für andere empfindest,
die Du Dir selbst gibst,
die Du anderen gibst,
die Du von anderen erhältst.
Liebe von anderen erhältst Du nur dann,
wenn Du auch anderen Liebe gibst.

Unter Fürsorge verstehe Ich die Fürsorge,
die Du für Dich selbst empfindest,
die Du für andere empfindest,
die Du Dir selbst gibst,
die Du anderen gibst,
die Du von anderen erhältst.
Fürsorge von anderen erhältst Du nur dann,
wenn Du auch anderen Fürsorge gibst.“

... über Deine Probleme

„Sei fröhlich, habe Freude am Leben!
Du hast Dein Leben Dir zur Freude erhalten!

Verzweifle nicht an Deinen Problemen, denn Du hast sie Dir als Schöpfer Deines Lebens, Deiner Realität erschaffen, um daran zu wachsen.

Daher kannst Du niemals ein Problem haben, das Du nicht lösen kannst!

Jedes Problem dient nur Deinem Wachstum. Das heißt, das Problem entsteht auf der Basis Deines momentanen Entwicklungsstandes. Du kannst also davon ausgehen, dass Du alles hast und weißt, um das Problem zu lösen, nämlich Deine Seele. Wenn Du die Lösung eines Problems immer wieder verschiebst, wird es größer und größer und immer drängender. Außerdem beginnt mit der Zeit der Körper darunter zu leiden und Schaden zu nehmen. Du siehst also, dass Du an einem ungelösten Problem auch sterben kannst.

An Deiner Krankheit kannst Du genau feststellen, wo Dein Problem liegt. Dein Körper macht es Dir über Deine Seele bewusst. Deine Seele macht Dich auf etwas, was Du als Problem bezeichnest, aufmerksam. Wenn Du das Problem immer wieder ignorierst, nicht auf Deine Seele hörst, zeigt sich das Problem in körperlichen Symptomen. Deine

Seele muss jetzt zu anderen Mitteln greifen, weil Du nicht hören willst. Die Folge ist, dass irgendetwas in Deinem Körper nicht mehr so funktioniert wie es soll. Auf diese Weise kommt Dein ganzer Körper aus dem Gleichgewicht, seine Harmonie ist gestört.

Im Anfangsstadium ist das Gleichgewicht wieder leicht herstellbar, später wird es immer schwieriger. Die Symptome mehren sich, Krankheitsbilder vermischen sich. Die Ursache und das ursprüngliche Problem sind nur mehr schwer zu finden. Der nächste Schritt ist, dass sich der Körper pathologisch verändert und Schäden auftreten, die irreparabel sind. Aber auch dann ist noch Zeit zur Einsicht und Umkehr. Die Hinweise des Lebens, Deiner Seele, aber werden immer härter.

Solltest Du vor Deinem Tod die zugrunde liegenden Probleme nicht gelöst haben, kann es sein, dass Du diese Krankheit in das Nächste Leben mitnimmst. Und zwar einfach deshalb, damit Du Dich an etwas erinnerst, was Du nicht vergessen sollst. Dein Problem wird Dich so lange durch Deine verschiedenen Leben begleiten, bis Du es gelöst hast. Darum achte immer auf die kleinen Probleme Deines Körpers. Gehe in Dich, vertraue Dich Deiner Seele an und finde die Lösung. Anhand der betroffenen Körperteile kann genau festgestellt werden, wo das Problem liegt. Viele Menschen haben sich ausführlich, auch aus eigener Erfahrung, damit beschäftigt und auch die Erfahrungen anderer Kranker gesammelt.

Jede Krankheit hat als Ursache ein Problem,
das Du nicht löst.

Der Körper wird nicht von alleine krank, sondern Du machst ihn mit Deiner Ignoranz krank. Du machst ihn krank, weil Du Dich selbst nicht oder zu wenig liebst.

Negative Gefühle, Gedanken, Schuldgefühle, Ängste – all das sind Gedanken, die Dein Körper in Energie umsetzt, die im Innen (wie im Außen) wirken. Diese negativen Schwingungen verändern Deinen Körper und Deine Umwelt, alles gerät außer Harmonie, die „negativen" Schwingungen verstärken sich. Die gesamte dadurch beeinflusste Energie wendet sich gegen Dich. Du arbeitest gegen Dich selbst.

Dein Körper kann nicht anders, denn er folgt nur Deinem Befehl, den Du durch Deine negativen Gedanken erteilt hast, nämlich – in letzter Konsequenz – den Befehl zur Selbstvernichtung."

... über die Ursachen von Krankheiten

„Ich habe jedem von Euch einen gesunden Körper gegeben – ein Wunderwerk, das Euer Werkzeug ist, um auf der Erde zu leben. Eure Aufgabe wäre es, dieses Wunderwerk zu pflegen und gesund zu erhalten – oder auch nicht: Alles unterliegt Eurem Freien Willen!

Die hauptsächlichen Gründe dafür, dass der Körper krank wird, sind die folgenden:

1. Mangelnde Eigenliebe: Liebe Deinen Körper so wie er ist – jeder Körper ist schön und einzigartig im Aussehen! Wenn Du Deinen Körper nicht liebst, ihn hässlich findest oder ihn ablehnst, beginnt er sich selbst zu zerstören, weil Deine Gedanken sich in der Realität manifestieren. Wenn Du Deinen Körper abstoßend findest, dann gibst Du Deinem Körper mittels Deiner Gedanken den Befehl, sich abzustoßen, und in der Folge wendet Dein Körper sich gegen sich selbst. So wie Du es ja auch tust.

2. Leben in Disharmonie: Bist Du mit Deinen Lebensumständen nicht einverstanden und unternimmst nichts, um diese zu ändern, dann verstehst oder hörst Du Deine Seele nicht. Deine Lebensumstände spiegeln Dir Deine eigenen Defizite, damit Du sie erkennst und ausgleichst. Tust Du das nicht, dann wird Dein Körper krank.

3. Leben ohne Ruhe und Gelassenheit: Hektik und Stress, angespannte Nerven, hoher Blutdruck, leichte Reizbarkeit, Aggressionen, Allergien – all das sind Zeichen der fehlenden Ruhe und Gelassenheit. Diese Umstände rufen das hervor, was Ihr „Zivilisationskrankheiten" nennt, die aber nur zeigen, wie wenig zivilisiert Ihr in Wahrheit seid. Wenn Du im Licht lebst, dann ruhst Du in Dir, die Folge ist eine unerschütterliche Ruhe und Gelassenheit. Das heißt nicht, dass Dir alles egal ist, sondern das heißt, dass Du jede Aufgabe, die Dir das Leben stellt, in Ruhe und Gelassenheit meisterst. Vielleicht kennst Du einen Menschen, der so ein Ruhepol ist; er wirkt wie ein Magnet, hat eine unwiderstehliche Anziehungskraft. Wenn Du in Ruhe und Gelassenheit Deinem Alltag begegnest, wirst Du auch mehr erreichen als mit Hektik und Stress.

4. Mangelnde Freude: Wenn Du Dein Leben in Freude annimmst, fällt Dir die Lösung Deiner Aufgaben um vieles leichter. Dein Energiefeld ist in Ordnung und Deine Energiespirale beginnt sich in Richtung Kosmos zu drehen – eine weitere Voraussetzung für andauernde Gesundheit.

5. Leben gegen Deinen persönlichen Rhythmus: Jeder Mensch hat seinen persönlichen Rhythmus. Ihr unterscheidet sehr oberflächlich in Morgen- und Abendmenschen; dazwischen gibt es noch mehr. Horche in Dich hinein und finde Deine persönlichen Hoch- und Tiefpunkte des Tages. Nütze die Höhepunkte für Aktivitäten und sammle in den Tiefpunkten Kraft, indem Du Dich zurückziehst.

6. Ärger: Dadurch, dass Du Dich ärgerst, sammelst Du große Mengen negativer Energie in Deinem Körper, die in der Folge Deinen Körper angreifen und ihn krank machen. Außerdem zeigt Dir Dein Ärger, dass Dir Ruhe und Gelassenheit fehlen. Wenn Du Dich ärgerst, dann machst Du Dich krank, weil ein anderer „einen Fehler" begangen hat. Warum eigentlich? Nimm diese Situation in Ruhe und Gelassenheit an und akzeptiere den anderen in seinem So-Sein.

7. Angst: Der Mensch kennt tausende Gründe, Angst zu haben. Angst zieht genau das an, wovor Du Dich fürchtest. Du bist der Schöpfer Deines Lebens – also hab keine Angst.

8. Mangelnde Zuwendung zu Deinem Selbst: Der Mensch verfällt nach dem „Arbeitsstress" in den „Freizeitstress". Der Mensch meint, dass er in seiner Freizeit die Zeit „raffen" muss, um möglichst viel zu erleben. Das ist auch in Ordnung, aber es sollte nicht in Stress ausarten. Für Dein Selbst ist es wichtig, dass Du Dein Inneres Licht findest im Wege der Meditation. Nimm Dir jeden Tag ein paar Minuten Zeit zum Meditieren und finde so Dein Inneres Licht, Dein Wahres Selbst.

9. Zu wenig Schlaf: Wenn Du Deinen persönlichen Rhythmus entdeckt hast, dann weißt Du auch, wie viel Schlaf Du brauchst. Je weiter Dein Bewusstsein entwickelt ist, desto weniger Schlaf brauchst Du, weil Du mehr im Einklang mit Deiner Seele lebst. Schlafstörungen sind ein Zeichen von mangelnder Ruhe und Gelassenheit, einem

Leben außerhalb Deines persönlichen Rhythmus. Schlafstörungen werden außerdem durch Ärger und Ängste hervorgerufen. Dem kannst Du begegnen, indem Du vor dem Einschlafen meditierst. Der Körper entspannt sich und Du lässt alle Sorgen und Probleme los, beziehungsweise löst sie durch die Meditation auf. Dies führt auch dazu, dass Du Dich am Morgen besser fühlst, weil Du den Vortag komplett aufgearbeitet hast. Der neue Tag liegt vor Dir wie ein unbeschriebenes Blatt, das darauf wartet, von Dir voll Freude beschrieben zu werden. Achte darauf, dass Du so viele Stunden schläfst wie Du wirklich brauchst. Dein Körper und Deine Seele danken es Dir.

10. Ungesunde Ernährung und Wassermangel: Dein Körper besteht zum Großteil aus Wasser, daher trinke ausreichend Wasser, denn das braucht Dein Körper, um seine Funktionen aufrecht zu erhalten. Ernähre Dich zum Großteil von Pflanzen, die die Erde hervorbringt, denn sie haben auch die Kraft der Erde. Wenn Du Tiere isst, dann bitte nur solche, die sich ausschließlich von Pflanzen ernähren und nicht von anderen Tieren. Auf diese Weise erhältst Du Deinen Körper gesund.

11. Genuss von Alkohol, Nikotin und Drogen: Für deren Genuss und Abbau ist Dein Körper nicht eingerichtet!

12. Chemisch produzierte Medikamente: Jede Krankheit hat eine seelische Ursache, die durch diese Art Medikamente NICHT behoben werden kann. Nur die Symptome werden gelindert oder zur Gänze kurzfristig unbemerkbar gemacht. Das seelische Grundproblem ist aber immer noch da! Eine Krankheit hast Du so lange, bis Du das zugrunde liegende seelische Problem erkannt und bereinigt hast. Bei dieser Aufgabe können Dir beispielsweise Kräuter, Pflanzen und alternative (Eure Schulmedizin bezeichnet diese Methoden als „alternativ“, dabei ist die Schulmedizin „alternativ“ zu diesen Heilmethoden, die so alt sind wie die Erde!) ganzheitliche Heilmethoden helfen. Eine Krankheit zeigt sich nicht nur in Deinem Körper, sondern auch auf einer feinstofflichen Ebene, also in Deiner Aura, Deinem Energiefeld, in Deiner energetischen Schwingung. Die Frequenz dieser Schwingung muss, damit Du gesund wirst, geändert werden. Diese Änderung führst Du, unterstützt von Pflanzen und Kräutern, durch eine Änderung Deiner Gedanken herbei.

13. Negative Muster und Blockaden: Dein Körper ist ein Energiefeld, das mit Hilfe der Energiezentren (Chakren) und der Energiemeridiane, die die Energie leiten, mit Energie versorgt wird. Ist ein Meridian oder ein Energiezentrum durch negative Muster und Blockaden mentaler Art blockiert, fließt die Energie nicht mehr ungestört und es kommt zu Krankheiten, da die Energieversorgung nicht mehr richtig funktioniert. Es gibt viele Methoden, diese Blockaden zu lösen. Die Kraftzentren schlechthin sind Deine Chakren. Wenn Du sie aktivierst, aktivierst Du ein unendliches Energiepotential, das Du zur Heilung Deines Körpers verwenden kannst.

14. Negative Gedanken aller Art: Sie hindern Dich, Dein wahres Potenzial zu erfahren und Dein SELBST zu entfalten. Auch das macht Deinen Körper krank.

15. Leben nicht im Einklang mit DIR SELBST: Dein Ziel ist es, als DU SELBST zu leben und nicht nach den Regeln und Vorschriften, die andere aufgestellt haben. Prüfe immer, was Dein Selbst will und tue das, was Dein Selbst für richtig hält. Wenn Du etwas tun willst, dann frage Dich, welcher Teil von Dir das will: Dein Ego oder Deine Seele. Wichtig ist das, was Deine Seele wirklich will, denn sie führt Dich zum Licht, zu Mir, zurück."

… über Krankheit und mangelnde Selbstliebe

„Krankheiten entstehen durch mangelnde Selbstliebe. Viele Menschen „pflegen“ ihre Krankheit und NICHT ihre Gesundheit, um Liebe, Fürsorge und Zuwendung zu erfahren. Und wenn es nur die Fürsorge und Zuwendung eines fremden Arztes oder einer fremden Krankenschwester ist.

Ein trauriges Bild.

Krankheiten sind ein Schrei nach Liebe! Nur schreit der Kranke nach der Liebe von außen. Die Liebe für Dich muss aber zuerst in Dir sein. Wie innen so außen. Ein Mensch, der in sich keine Liebe für sich selbst hat, kann von außen mit Liebe überschüttet werden, was ihm aber nur kurzfristig oder gar nicht hilft, denn er kann diese Liebe nicht annehmen, weil sie in ihm nicht ist, er also für diese Liebe gar nicht resonanzfähig ist.

Daher begegne kranken Menschen mit Liebe und hilf ihnen, die Liebe zu sich selbst und somit auch Heilung zu finden.
Das ist der einzige Weg.“

... über die Krankheit als Symbol der Selbstzerstörung

„Ihr wundert Euch über die hohe Rückfallsquote bei krebskranken Menschen. Diese ist aber auf der Grundlage des oben Dargestellten leicht zu erklären. Leicht zu erklären ist an Hand dessen auch, warum manche Menschen geheilt werden können, richtig ausgedrückt: **sich selbst heilen**, und andere, wenn auch Jahre später, doch an Krebs sterben. Ich will den Verlauf einer Krankheit an Hand von Krebs erklären, denn diese Krankheit ist das beste Beispiel und bei Euch weit verbreitet. Im Übrigen sind diese Tatsachen auf alle Krankheiten anzuwenden.

Krebs ist eine Krankheit, die – wie alle anderen Krankheiten – nur dadurch entsteht, dass sich der betroffene Mensch zu wenig selbst liebt, achtet und respektiert.

LIEBE, LIEBE, LIEBE – ES GEHT IMMER NUR UM DEINE LIEBE ZU DIR SELBST!

Das hättet Ihr deshalb schon lange selbst bemerken können, weil das einzige Organ, das vom Krebs nicht befallen werden kann, das Herz ist! Denn: Das Herz ist der Sitz der Liebe!

In welchem Bereich der krebskranke Mensch sich selbst zu wenig liebt, kann er daran sehen, welches Organ, welches

System oder welcher Körperteil vom Krebs betroffen ist. Nun zu Meinem Beispiel: Ein Mensch hat, schulmedizinisch (richtig) diagnostiziert, Krebs. Der Mensch erfährt die Diagnose, hat einen Schock, ist entsetzt, sieht sein Leben dem Ende zugehen. Was geschieht? Auf Grund des Schocks bricht als Erstes das ganze Energiesystem des Betroffenen zusammen, die Energiespirale dreht sich massiv in Richtung Erde, stürzt ab. Das zweite Problem sind die Bilder, die dieser Mensch sieht: Krankheit, Siechtum, Schmerzen, Leiden, Verfall ... und Tod. Viele Menschen (die meisten der Krebskranken) verfangen sich in diesen Bildern; denken immer wieder in diesen Bildern, vielleicht sogar ununterbrochen, teilen diese Bilder ihrer Umwelt mit, sind dauernd damit beschäftigt, aber: Diese Bilder sind Gedanken und diese Gedanken sind Energie! Diese Gedanken sind auch in diesem Fall, wie in jedem anderen Fall, Energie und diese Energien, diese Gedanken, müssen sich in der Realität manifestieren, weil das ein Kosmisches Gesetz ist! Du bist der Schöpfer Deines Lebens und Deiner Realität! Krankheit, Siechtum, Schmerzen, Leiden, Verfall und Tod – all das **muss** eintreten!

Daher ist es in dieser Phase der Krankheit enorm wichtig, das Energiefeld zu „pflegen“, positive Gedanken und Bilder zu haben, ja, das zu haben, was Ihr den „Lebenswillen“ nennt. Nur ist dieser Lebenswille vielfach nicht mehr vorhanden, denn diese Krankheit entsteht erst, wenn der Körper schon viele, viele Warnsignale gesendet hat, die aber immer wieder ignoriert wurden, und der Mensch sich „aufgegeben“ hat, auch wenn er das mit seinem Verständnis vielleicht gar nicht erfasst. In dieser Phase besteht eine maximale Chance durch eine Umkehr, durch Bewusstwerdung, gesund, heil zu werden.

Nun beginnt auch die schulmedizinische Behandlung, die aber auf all diese Inneren Probleme KEINE Rücksicht nimmt. Wird das betroffene Organ bestrahlt oder auf eine andere Weise mit chemischen Medikamenten behandelt, so wird die normale, gesunde Schwingungsfrequenz der umliegenden Organe vollkommen zerstört, das Energiesystem bricht wiederum zusammen, die Energiespirale dreht sich wiederum in Richtung Erde und nicht in Richtung Kosmos, von wo die Eine Heilende Kraft kommt. Wird das betroffene Organ aus dem Körper entfernt, normalisiert sich die Schwingung der umliegenden Organe **nicht**, denn das System ist jetzt wiederum durch das Fehlen eines Organs gestört. Eines bedingt im Körper das andere! Euer Körper ist ein perfektes System, alle Teile brauchen einander zum harmonischen Zusammenspiel. Somit ist kein Teil Deines Körpers unnötig, zu groß et cetera. So wie Du bist, bist Du perfekt! Autonom, autark! Du lebst zwar in einem System, aber als vollkommen selbstständiger Bestandteil des Systems. So wie jeder Planet im Kosmos selbstständig, aber dennoch in ein System eingebunden ist. Stell Dir vor, in dem Sonnensystem, in dem Ihr lebt, explodiert ein Planet, gerät aus seiner Bahn oder wird einfach entfernt. Die Folge wäre nicht nur Chaos, sondern Euer Untergang, das Ende.

Und genau so verhält es sich mit den einzelnen Bestandteilen Deines Körpers; das System Deines Körpers funktioniert nur optimal, wenn alle Bestandteile vorhanden sind. Jeder von Euch versteht, dass sein Auto zum Funktionieren komplett in seinen Bestandteilen sein muss – warum versteht Ihr das in Bezug auf Euren Körper nicht? Die meisten von Euch kümmern sich mehr um ihr Auto als um den eigenen Körper! Jedes „Bedürfnis" des Autos wird erfüllt – Bedürfnisse des eigenen Körpers werden vielfach vollkommen ignoriert.

Zurück zu unserem Beispiel: In beiden Fällen, also Chemotherapie oder Entfernung des betroffenen Organs, kann das zusammengebrochene Energiesystem nicht wieder auf die richtige Frequenz gebracht werden, sondern nur mit Liebe, Liebe und wiederum **Liebe zu sich selbst**. Der kranke Mensch muss darauf achten, dass das Äußere Energiefeld stark ist, die Chakren im Inneren in Ordnung sind und ausgeglichen funktionieren, und dass sich die Energiespirale in Richtung Kosmos dreht. Außerdem muss der Kranke endlich seine Probleme lösen! Wird die Pflege des Energiesystems außer Acht gelassen und außerdem die wahre Ursache für die Krankheit noch immer nicht gefunden, besteht die Disharmonie nicht nur weiter, sondern verstärkt sich von Augenblick zu Augenblick. Ab jetzt geht es immer schneller bergab, denn der Schaden, den der Körper genommen hat, ist schon sehr groß. Das nächste Organ wird vom Krebs befallen, es bilden sich weitere Gewächse. Und das geht so lange weiter, bis der

Körper so geschwächt ist, das Energiesystem so zerstört ist, dass der Tod unausweichlich ist.

Jeder Kranke hat eine Chance auf Vollkommene Heilung, weil die Krankheit nur zeigen will, dass es so, wie es jetzt ist, nicht weitergehen kann. Die Krankheit hat nur den Sinn, Dir den Weg zu zeigen, der für Dich richtig ist, und Dich vom für Dich falschen Weg abzubringen. Nimm daher Deine Krankheit in Liebe an, als Freund, und nicht als Feind. Deine Krankheit ist für Dich da. Denn Dein wahrer Feind bist nur Du, und Deine Krankheit zeigt Dir, dass Du gerade am besten Weg bist, Dich selbst zu zerstören."

... über den Schmerz

„Schmerzen sind Energie, das heißt, das, was der Mensch als Schmerz empfindet, sind Schwingungen, die von dem in Disharmonie befindlichen Organ ausgehen. Jeder Schmerz hat eine andere Frequenz, die davon abhängt, welches Organ oder welcher Körperteil betroffen ist und wie stark der Schmerz ist.

Der Schmerz, jedoch nicht die Ursache, kann dadurch beseitigt werden, indem das betroffene Organ wiederum in die für sich richtige Schwingungsfrequenz gebracht wird. Dasselbe geschieht, wenn die Ursache der Disharmonie bereinigt wird.

Grundsätzlich ist es so, dass jedes Organ, jeder Körperteil, seine eigene Schwingungsfrequenz hat, die auch messbar ist. Hierbei gibt es aber auch Abweichungen von Mensch zu Mensch, die vom Gesamtenergiefeld, vom Zustand der Energiespirale, vom Alter, von Disharmonien und nicht zuletzt auch von der Höhe des Bewusstseins, also vom Fortschritt am Weg in das Licht, abhängig sind. Das heißt also, dass jeder Mensch und seine einzelnen Bestandteile eine individuelle Energieschwingung haben.

Ein in Disharmonie befindlicher Bestandteil des Menschen schwingt in einer anderen Frequenz und das manifestiert sich in der Realität des Menschen als das, was Ihr

Schmerz nennt. Wenn diese Schmerzschwingung nicht von der Ursache her aufgelöst wird, sondern weiterhin fortbesteht, hat das zur Folge, dass dadurch auch die Schwingungsfrequenz der umliegenden Organe beeinträchtigt wird. Mit der Zeit beginnen auch die, dem in der Schmerzfrequenz schwingenden Organ benachbarten Körperteile in einer „kranken" Frequenz zu schwingen. Das Energiesystem des Menschen gerät nun immer mehr aus dem Gleichgewicht, denn diese „krankhafte" Schwingung wandert durch den Körper und stört schlussendlich auch das Äußere Energiefeld. Das ist der Grund, warum man Krankheiten im Energiefeld, der Energiespirale und in der Aura eines Menschen sehen kann. Je mehr das System aus dem Gleichgewicht gerät, desto schwieriger wird es, die „gesunde" Frequenz wieder zu erlangen, Harmonie herzustellen.

Daher ist es so wichtig, SOFORT die Ursache jedes Schmerzes aufzudecken und zu beseitigen. Du kannst in der Meditation Deine Seele bitten, das betroffene Organ wieder in die richtige Frequenz zu bringen und Dir bei der Ursachenfindung zu helfen.

Das ist Deine SELBSTHEILUNGSFÄHIGKEIT!
Jeder Mensch hat sie!

Daher nimm jeden Schmerz, auch wenn er noch so gering ist, ernst. Er ist Dein Freund, der Dir den Weg zeigt, ganz genau."

... über Menstruationsbeschwerden

„Nach Eurer schulmedizinischen Statistik leiden die meisten Frauen an Menstruationsbeschwerden und dem, was „prämenstruelles Syndrom“ genannt wird. Frauen haben in dieser Zeit auf Grund körperlicher und psychischer Symptome eine schwere Zeit. Nur: Warum ist das so? Die Antworten sind – wie immer – einfach.

Diese Probleme lassen sich auflösen, indem DIE FRAU

1. die Menstruation als natürlichen Zustand annimmt und erkennt, dass sie ein Symbol für Fruchtbarkeit, Wachsen und Werden ist,
2. ihren weiblichen Körper mit seinen Rundungen in seiner ganzen Schönheit annimmt, liebt und schön findet,
3. sämtliche Vorurteile und Schuldgefühle in Bezug auf die Sexualität ablegt, die doch nur auf Grund der Irrlehren von Religionsgemeinschaften entstanden sind,
4. erkennt, dass die Gebärmutter der „Tempel des Lebens“ ist,
5. erkennt, dass die Eierstöcke für Kreativität und Schöpfung stehen,
6. ihr gesamtes Potenzial erkennt und

IN LIEBE ANNIMMT.

Menstruationskrämpfe zeigen ja nur, dass die Frau in sich verkrampft ist, kämpft und zwar GEGEN SICH SELBST!

Diese Beschwerden treffen oft Frauen, die das Leben oder Teile desselben als Kampf sehen – wie innen so außen! Das Außen ist eine Reflexion des Innen! Also reduziert sich die Frage auf den Grund des Inneren Kampfes – und das sind im Wurzelchakra gelegene Probleme – zumeist Fragen der Existenz, des Umfeldes und der Lebensumstände und Fragen in Bezug auf Beziehungen und Sexualität. Diese Fragen müssen beantwortet werden und eine befriedigende Lösung **gefunden und gelebt** werden.

Habt Ihr Euch nie gefragt, warum so viele Frauen – als Gesamtheit betrachtet – unter diesen Problemen leiden?

Weil diese Frauen UNTERDRÜCKT werden – sie sind das Opfer des Machtmissbrauches der Männer! Mann und Frau sind jedoch GLEICHBERECHTIGT! Sind eine Dualität, die die GESAMTHEIT spiegelt!

Weil diese Frauen ihr **„weibliches Selbstverständnis“** nicht oder noch nicht gefunden haben, ihre Weiblichkeit nicht leben, nicht lieben, nicht achten und nicht schätzen und oft nicht einmal VERSTEHEN.

Alle Frauen, die unter Menstruationsbeschwerden leiden, sollten daher ihre „Rolle“, ihren „Stellenwert“ und ihren „Standpunkt“ überprüfen! Und die not-wendigen Konsequenzen ziehen!

Menstruationsbeschwerden beinhalten oft auch Kreuzschmerzen. Die Wirbelsäule hält den Menschen aufrecht, stützt ihn, die Hüfte stellt das Gleichgewicht her. Sieht man sich die Situierung der betroffenen Organe an und die Schwingungsrichtung der Schmerzen, wird deutlich, dass durch die Schmerzen die Seele mit Hilfe des Körpers mitteilt, dass

1. die betroffene Frau nicht im (weiblichen) Gleichgewicht lebt, und
2. meint, im Leben zu wenig Unterstützung im Außen zu haben.

Die Lösung dieser Probleme liegt natürlich im Innen der Frau, denn: wie innen so außen!

Unterstützung im Außen ist nur dann zu finden, wenn die Frau sich selbst liebt, achtet und schätzt, sich selbst etwas wert ist, ihren Wahren Wert erkannt hat. Wer von Euch Menschen käme auf die Idee, einen Menschen zu unterstützen, der von sich selbst nichts hält, von sich selbst eine schlechte Meinung hat?

Sollten in der Zeit der Menstruation auch Blähungen auftreten, stellt sich zusätzlich die Frage, was für die betroffene Frau „so schwer zu verdauen" ist, was sie nicht „loslassen" kann oder will.

Frau, vergiss nie, dass Du gesegnet bist!"

… über Potenzstörungen

„Potenzstörungen oder Potenzprobleme haben ihre Ursache ebenfalls im psychischen Bereich – der Mann hat das Gefühl, seinen Aufgaben als Vater, Ernährer und Erhalter der Familie oder im Beruf nicht gerecht zu werden beziehungsweise überhaupt gerecht werden zu können. Dieses Gefühl nimmt dem Mann die Möglichkeit des sexuellen Ausdrucks und dadurch entsteht ein weiteres Gefühl der Unzulänglichkeit, des Versagens. Dies wiederum beeinflusst das Energiefeld und die Energiespirale beginnt, sich in Richtung Erde zu drehen – und alles wird immer schlimmer.

So wie sich bei den Frauen existenzielle Ängste in Form von Menstruationsbeschwerden zeigen, zeigen sich diese beim Mann durch Potenzstörungen. Beim Mann wird das Problem noch dadurch verstärkt, dass es „augenfällig" ist; er kann es nicht verheimlichen, es ist offenkundig. Der rein menschlich orientierte Mann definiert sich über seine Sexualität, seine Potenz. Verlust der Potenz bedeutet für ihn den Verlust des Gefühles, ein Mann zu sein. Für den Mann gilt ebenso, dass zuerst die Ursachen der Blockaden aufgedeckt und bereinigt werden müssen und sämtliche dadurch ausgelöste körperliche Symptome werden wieder verschwinden.

Potenzstörungen lassen auf ein „Verweigern des Lebens" schließen, denn der Zustand, der zu einem lustvollen

Ausstoß des männlichen Samens führt, kann nicht oder nur schwer erreicht werden.

Daher sind hier die Grundfragen an den Mann: „Wo verweigerst Du Dich dem Leben?“ „Wo stellst Du Dich dem Fluss des Lebens entgegen?“ „Warum?“ „Warum verleugnest Du Deine Wahre Größe, Dein Sein?“

Sexualität ist Leben
und eine der Möglichkeiten für Spirituelle Entwicklung.

Wahrhafte Sexualität bedeutet Wahrhafte Liebe – auf menschlicher Ebene eine Vorschau auf das Göttliche Sein.

Sexuelle Probleme jeder Art lassen darauf schließen, dass das Leben und die Wahrhafte Liebe verleugnet, nicht gesehen, nicht gelebt werden. Es ist also Zeit für eine Neuorientierung.

Worauf wartest Du?“

... über das Wesen der Sexualität

„Damit Ihr auf der Erde die Verschmelzung, das Eins-Werden, erleben könnt, habe Ich Euch die Sexualität gegeben. Zu Eurer Freude. Um die Ekstase der Einheit zu erleben. So wie Ich aus der Einheit Teile geschaffen habe, entsteht aus der Sexuellen Einheit zweier Menschen Neues Leben.

Jeder Mensch ist ein Sexuelles Wesen. Der Umgang mit der Sexualität, ob und in welcher Form die Sexualität gelebt wird, ist eine Frage des Freien Willens des Einzelnen. Der Sexuelle Teil Deines Lebens unterliegt – ebenso wie die anderen Teilbereiche Deines Lebens – ausschließlich Deinem Freien Willen und Deiner Schöpferkraft. Niemand kann Euch zur Fortpflanzung zwingen oder diese Einzelnen von Euch untersagen. Die Ansicht, dass Sexuelle Aktivitäten nur zur Fortpflanzung aufgenommen werden **dürfen** (!), entspricht nicht Meiner Absicht. Wie in allen anderen Bereichen Deines Lebens hast Du alle diesbezüglichen Entscheidungen auf Grund Deines Freien Willens zu treffen. All Deine Sexuellen Gedanken und Vorstellungen manifestieren sich in Deiner Realität, weil Du der Schöpfer Deines Lebens bist.

Sexualität sollte nach Meiner Definition die liebevolle Kommunikation zweier Körper sein. Die dadurch entstehende Energie kann für das Spirituelle Wachstum genützt werden. Energetisch gesehen handelt es sich um die Vereinigung zweier Energiefelder, wobei sich die daraus entstehende Energie nicht einfach verdoppelt, sondern potenziert. Die Ekstase der Verschmelzung kann gesteigert werden, indem der eine dem anderen sein Energiefeld, seine Chakren bewusst öffnet und die Vereinigung der beiden Seelen vollzogen wird. In diesem Moment verschmilzt die Dualität zur Einheit. Die Lichtenergie des Einzelnen verknüpft sich unendlich oft mit der des anderen und die Schwingungsfrequenz ist bedeutend höher als sonst. Mit Hilfe der Sexuellen Energie kann das Bewusstsein gehoben werden – Sexualität kann als Meditationsform betrachtet werden. Du kannst die durch die Sexuelle Handlung in Deinem Wurzelchakra entstehende Energie aufwärts durch alle Chakren bis in Dein Scheitel-Chakra leiten, wodurch Du auch Blockaden in Deinen Chakren und Energiemeridianen lösen kannst. Disharmonien werden auf diese Weise bereinigt.

Sexuelle Störungen kommen vielfach daher, dass der Mensch sein SO-SEIN nicht annehmen kann – er möchte ein anderer sein. Sexualität wird oft als Fluchtmittel vor eigenen Problemen missbraucht oder zum Ausgleich von mangelnder Eigenliebe.

Übrigens: Das funktioniert nicht!

Außerdem ist es ein Missbrauch des Partners.

Sexualität ist nach Meiner Ansicht liebevolle Kommunikation zweier Körper, zweier Seelen, zweier Geister und zweier Energiefelder. Auf diese Weise wird sie zur Spirituellen Kraft.

Sexualität dient dem Feiern der Freude
und der Schönheit des Lebens.
Sie ist ein Geschenk des Lebens,
von Mir an Euch und ebenso vollkommen,
wie alles andere im Universum.

Spirituell gelebte Sexualität ist ein Teil der Entwicklung
des Menschen
auf seinem Weg ins Licht."

... über die dreifache Wirkung der Sexualität

„Mit der Sexualität feierst Du Dein Sein und das Leben. Es ist der menschlich ekstatische Ausdruck der Göttlichen Vereinigung.

Öffne dabei alle Deine Chakren und Dein gesamtes Energiefeld. Durch die Sexuelle Energie, die in Deinem Wurzelchakra entsteht, kannst Du auch die Drehungsrichtung Deiner Energiespirale beeinflussen. Wenn Du Dir das bei der körperlichen Vereinigung bewusst machst, trägt diese zu Deiner Heilung bei und fördert Deine Spirituelle Entwicklung.

Menschen, die ständig wechselnde Sexualpartner haben **UND** die energetischen Regeln der Sexualität nicht beachten, sollten sich die Frage stellen, ob sie ihre Sexualpartner missbrauchen. Missbrauchen insoferne, als sie auf der Suche nach Liebe sind. Liebe kann im Außen jedoch nur gefunden werden, wenn sie auch im Innen ausreichend als Selbstliebe vorhanden ist. Wie innen so außen. Das ist ein Kosmisches Gesetz.

Sexualität soll nicht nur den Körper, sondern auch die Seele und den Geist befriedigen. Diese dreifache Wirkung kann nur bei Verständnis der Regeln der Sexuellen Energie und Wahrer Öffnung erzielt werden.

Der dauernde Wunsch nach Sexueller Erfahrung bei ständig wechselnden Partnern zeigt, dass eines oder mehrere der drei Befriedigungskriterien fehlt beziehungsweise fehlen. Ein Mensch, der die Wahre Liebe in sich selbst gefunden hat, sich selbst wahrhaft liebt, wird die Wahrhafte Liebe auch im Außen finden und das Gefühl haben, von seinem Partner wahrhaft geliebt zu werden. **Dieses Gefühl kommt daher, dass der Partner nur das Innenleben des anderen spiegelt, nämlich die Wahrhafte Liebe.** So entsteht zwischen zwei Menschen eine starke Energiefeldverbindung, die den Wunsch nach körperlicher Vereinigung bei beiden hervorruft und zwar auf Dauer! Wenn dieses Prinzip verstanden und gelebt wird, kann eine dauerhafte, monogame Beziehung zwischen zwei Menschen entstehen.

„Getriebenheit“ in Sachen Sexualität ist zumeist ein Zeichen mangelnder Eigenliebe. Bevor Du mit einem anderen Menschen eine Beziehung, Partnerschaft oder Lebensgemeinschaft eingehst, prüfe, wie es um Deine Eigenliebe bestellt ist: Das Ausmaß Deiner Eigenliebe zeigt Dir Dein Potenzial zur „Fremdliebe“. Wenn Du Dich selbst so nehmen und akzeptieren kannst, wie Du bist, mit allen Deinen Vorzügen und „Fehlern“, wobei – wie Du weißt – Deine so genannten „Fehler“ eben auch Deine Vorzüge sind, weil sie dem anderen seine eigenen Defizite spiegeln, dann kannst Du jeden anderen auch in seinem So-Sein akzeptieren und lieben. So entspricht die Liebe zwischen Menschen der Liebe entsprechend dem Kosmischen Gesetz der Liebe: Allumfassend und bedingungslos.

Wenn Du Deine Spirituelle Sexualität entwickeln willst, dann kannst Du das auch alleine tun, das heißt, dass Du nicht unbedingt einen Partner dafür brauchst. Du kannst denselben Energiefluss herstellen, wenn Du Dich selbst befriedigst und Dein Energiefeld und Deine Chakren der Kosmischen Energie öffnest. Wenn zwei Menschen sich vereinigen, vereinigen sie sich auch mit dem Universum, der Kosmischen Energie. Sie werden EINS. Auch Du alleine wirst EINS."

... über die Selbstbefriedigung

„Bevor Du eine Sexuelle Beziehung mit einem anderen Menschen eingehst, habe eine gute Sexuelle Beziehung zu Dir selbst. Diese erlangst Du durch Eigenliebe und Liebe zu Deinem Körper, durch Kenntnis Deiner Wünsche und Bedürfnisse und durch das Wissen, wie Du zur optimalen Befriedigung gelangst. Selbstbefriedigung ist das Mittel dazu!

Selbstbefriedigung ist vielfach verpönt; man hat Euch gesagt, dass Selbstbefriedigung „schmutzig" ist und dass man „das" nicht tut. Kinder, die ebenso Sexuelle Wesen sind wie Erwachsene, werden auf unzählige Methoden von der offenen Erforschung ihres Körpers abgehalten. Wie soll ein Mensch jemals seinen Körper lieben, seine Sexualität genießen, wenn ihm in seiner Kindheit dauernd gesagt wird, dass man sich nicht berühren darf an bestimmten Stellen des Körpers? Kindern werden die schauerlichsten Dinge erzählt über ihre Genitalien und was passiert, wenn man sich selbst berührt. Aus diesen Kindern werden Menschen, die nie ihre Sexualität mit Freude genießen können, wenn sie sich nicht als Erwachsene (oft mit viel Aufwand) von diesen falschen Gedanken befreien. Darum Eltern, betrachtet Eure Kinder als Sexuelle Wesen, begleitet sie auf dem Weg der Sexuellen Erfahrungen, lasst ihnen die erforderliche Freiheit, sich auch auf diesem Lebensgebiet zu entwickeln.

Eine wichtige Voraussetzung für ein erfülltes Sexualleben ist die Kenntnis Deines eigenen Körpers und Deiner individuellen Sexuellen Bedürfnisse. So wie alles in Deinem Leben einem Rhythmus unterliegt, unterliegt auch Dein Sexualleben einem Rhythmus. Vor allem solltest Du Deinen Körper so lieben und annehmen wie er ist. Deinen Rhythmus und Deine Bedürfnisse erkennst Du am besten durch Selbstbefriedigung. Du erforscht selbst Deinen Körper, erfährst, welche Berührungen er am liebsten hat, was ihm gut tut. Du kannst die Sexuelle Energie bewusst auf zu heilende Organe richten – Du selbst ganz alleine wirst so zu Deinem eigenen Heilmittel. Solltest Du unter Einschlafstörungen leiden, die auf Verspannungen des Körpers beruhen oder weil Du Dein Denken, das Kreisen Deiner Gedanken um Probleme und Sorgen nicht „abstellen" kannst, dann meditiere Dich in den Schlaf oder befriedige Dich selbst. Beides hat die Wirkung der Entspannung der ganzen Muskulatur und Du lässt alles, was Dich belastet, los. Auf diese Weise wird Dir gesunder, heilsamer Schlaf zuteil."

... über das Schamgefühl

„Sexuelle Handlungen, die zur Erweiterung Deines Bewusstseins dienen, die zum Zweck der Freisetzung Spiritueller Energie vorgenommen werden, können niemals „pervers“ sein. Sexuelle Handlungen jeder Art sind dann erlaubt, wenn alle daran beteiligten Personen damit einverstanden sind und die Fähigkeit besitzen, ihr Einverständnis zu bekunden.

Sexuelle Handlungen sind genauso ein Produkt des Freien Willens des einzelnen Menschen wie alles andere des menschlichen Lebens. Der Umgang mit der eigenen Sexualität und der Umgang miteinander bei der körperlichen Vereinigung ist ein Spiegelbild des Inneren der beteiligten Personen. Auch in diesem Bereich müssen gespiegelte Defizite ausgeglichen werden.

Viele Menschen schämen sich für ihren Körper und ihre Genitalien. Dieses Schämen verhindert die Ekstase der Vereinigung, da Innere Blockaden unter anderem im Wurzelchakra entstehen und so den freien Energiefluss behindern oder verhindern. Dem Menschen wurde über Jahrhunderte zu verstehen gegeben, dass seine Genitalien „schmutzig“, „unrein“ sind und dass er sie bedecken, also verstecken, muss, dass er sich ihrer schämen muss. Löst Euch endlich von diesen Gedanken! Lebt Eure Sexualität frei von Scham!

Dein GANZER KÖRPER
ist ein Wunderwerk der Schöpfung –
es gibt also nichts zu verstecken,
nichts, was unrein oder schmutzig ist.“

… über Verhütungsmittel

„Es ist absolut in Ordnung Verhütungsmittel zu verwenden. Sexualität dient der Spiritualität und eben auch der Fortpflanzung. Wenn Dir jemand sagt, dass Sexualität nur der Fortpflanzung dient, dann übersieht er das andere wesentliche Element, nämlich die Spiritualität.

Jede Seele hat ihren Lebensplan zu erfüllen. Wenn dieser Lebensplan das Kapitel „Kinder“ nicht enthält, dann wären Kinder eventuell auch ein Hindernis bei der Erfüllung desselben. Niemand ist verpflichtet, Kinder in die Welt zu setzen. Diese Entscheidung triffst Du auf Grund Deines Freien Willens.

Und es entspricht Deinem Freien Willen, Verhütungsmittel anzuwenden oder eben auch nicht. Auch in diesem Fall ist niemand berufen, Dir Vorschriften zu machen.“

... über den Göttlichen Plan

„Die Seele eines jeden Menschen kennt den „Göttlichen Plan“, Meinen Plan, der Alles ordnet, und trägt zur Erfüllung dessen bei. Und so folgst Du, gesteuert von Deinem Höheren Selbst, dem Göttlichen Plan, dem Weg. Der Göttliche Plan ist zu Deinem Wohl ersonnen. Du kannst Dich aber dennoch anders entscheiden, denn Ich habe Dir den Freien Willen gegeben.

Nur:

Irgendwann, früher oder später,
wirst Du Meinem Ruf folgen
und Dich auf den Weg machen.“

... über das Leben in der Gegenwart

„Lebe in der Gegenwart!

Trauere nicht um die Vergangenheit – Du kannst sie nicht mehr ändern oder zurückholen. Das Rad der Zeit hat sich weitergedreht, die Zukunft kommt JETZT auf Dich zu.

Ruhe und Harmonie erfüllen Dich,
wenn Du vollkommen im JETZT bist.

Alte Muster und Blockaden aus der Vergangenheit haben keine Macht mehr über Dich, wenn Du die Vergangenheit in Liebe einfach so nimmst wie sie war und dankbar bist, dass sie so war wie sie war. Du wärst jetzt nicht am Weg zur Erleuchtung, wenn Deine Vergangenheit anders gewesen wäre. Du bist am Weg zur Erleuchtung, denn sonst hieltest Du dieses Buch nicht in Deinen Händen. Es ist für Dich geschrieben!

Lebe in der Gegenwart in Ruhe, Gelassenheit, Harmonie und Liebe. Die positiven Gedanken, die aus einem solchen Leben entstehen, bestimmen Deine Zukunft, weil Du der Schöpfer Deines Lebens bist. Spüre jeden Moment die Vollkommenheit des Augenblickes, des Lebens. Dieses Spüren wird Dich mit Freude erfüllen! Freue Dich auch über „negative Erlebnisse“, die in Wahrheit positiv sind, weil sie die Wegweiser am Weg zur Erleuchtung sind.

Auch negative Momente sind deshalb Vollkommene Momente! Frag Dich in jedem Moment: „Was will mir das Leben jetzt sagen?" Stell diese Frage mit Freude und öffne Dein Herz für die Antwort. Achte auf alles, was sich um Dich herum tut – das Leben spricht in Symbolen zu Dir. Das Leben und die Seele sprechen in Bildern. Öffne Deine Sinne und Du wirst binnen kürzester Zeit die Antwort erhalten – als Traum, als Intuition, als Erlebnis, in Worten, die jemand zu Dir spricht, ein Satz, den Du in einem Buch oder einer Zeitung liest. Das Leben ist erfinderisch und hat in seiner Ausdrucksform keine Grenzen. Das Leben, Ich, bin immer für Dich da, habe immer eine Antwort auf Deine Fragen.

VERTRAUE!"

... über den Fluss des Lebens

„Gib Dich dem Fluss des Lebens hin! Jeder Moment ist Vollkommenheit!

Jeder Moment ist der beste Deines Lebens!

Jeder Moment ist perfekt und optimal für Dich. Erkenne das und lebe danach. Stell Dich nicht gegen den Fluss des Lebens, denn das steht im Widerspruch zum Kosmischen Gesetz der Evolution.

Handle, in dem Du nicht handelst.

Das heißt, handle, in dem Du Dich vom Fluss des Lebens tragen lässt und nicht aktiv gegen die Strömung schwimmst. Wenn Du Dich gegen das Leben, gegen Deine Lebensaufgabe, stellst, wird Dir dies durch auftretende Probleme gezeigt.

Wenn Deine Wahre Berufung in einem anderen Bereich liegt als Deinem momentanen Arbeitsbereich, dann kann Dir das Leben das zum Beispiel dadurch mitteilen, dass Du oft zu spät zur Arbeit kommst, dass Du Dich an Deinem Arbeitsplatz nicht wohl fühlst, dass Du in Deinem Beruf nicht erfolgreich bist et cetera. Und alles, was auch immer Du tust, wird diese Probleme nicht lösen! Ganz einfach deshalb, weil Du am falschen Platz bist! Betrachte Dein Leben, Deine Irrtümer und Probleme mit Liebe, denn sie sind ein Wegweiser zur Vollendung! Indem Du eine Arbeit verrichtest, die Deiner Wahren Berufung, die auch ein Teil Deiner Lebensaufgabe oder überhaupt Deine Lebensaufgabe sein kann, zuwiderläuft, handelst Du! Und zwar schwimmst Du gegen den Fluss des Lebens! Daher überleg Dir, welche Tätigkeiten Deiner Wahren Berufung entsprechen; eine Tätigkeit, die mit dem Fluss Deines Lebens harmoniert.

Jeder Mensch hat eine Lebensaufgabe, die er erfüllen muss (wenn es auch viele Leben in Anspruch nimmt) und jeder Mensch hat außerdem einen Platz im Leben anderer. Dieser Platz muss eingenommen werden – zum eigenen Wohl und zum Wohl der anderen. Daher wird Deine Seele Dich immer an Deine Lebensaufgabe erinnern und Dir den Weg zu Deinem Platz im Universum weisen. Du wirst Dich so lange in den „Sackgassen des Lebens" verirren, bis Du endlich bereit bist, auf Deine Seele zu hören! Bis Du Deinen Platz gefunden hast, wird Dir Dein Leben wie eine Kette von Irrtümern und Problemen vorkommen. Wenn Du aus Deinen Irrtümern und Problemen die richtigen Konsequenzen ziehst und daraus lernst, dann bist Du am richtigen Weg."

... über die Vollkommenheit jedes Augenblicks

„Lebe also jeden Moment, jeden Augenblick vollkommen bewusst. Er ist vollkommen – so wie er ist. Jeder Augenblick eröffnet Dir unendlich viele Möglichkeiten des Denkens, Fühlens und Handelns – sei Dir dessen bewusst und Du lebst im Bewusstsein, jeder Augenblick wird zur Meditation.

Was auch immer Du tust, tue es in dem Bewusstsein Deines Höheren Selbst und jede Handlung wird zur Heiligen Handlung – zu Deinem Wohle und dem Wohle aller. Essen, das Du im Bewusstsein Deines Höheren Selbst kochst, ist anders, weil es eine andere Schwingungsqualität erhält. Ebenso verhält es sich mit Deiner Arbeit, wenn Du Deine Wohnung sauber machst oder im Umgang mit anderen Menschen. Wenn Du so lebst, ziehst Du nur Gutes in Dein Leben und kannst anderen zu einem ebensolchen Leben verhelfen.

Denke daran: Lebe bewusst
und zwar im Bewusstsein Deines Höheren Selbst."

... über Schuld und Schuldgefühle

„Es gibt keine Karmische Schuld. Es gibt überhaupt keine Schuld. Schuld ist die Erfindung von Menschen, die damit ein Mittel gefunden haben, um andere zu unterdrücken. Ein Mensch mit Schuldgefühlen ist schwach, blockiert und verliert seine Fähigkeit zu wachsen. Indem man in einem anderen Menschen Schuldgefühle hervorruft, ist er leicht zu manipulieren.

Darum, Mensch, habe keine Schuldgefühle!

Alles, was Du mit Liebe auf Deinem Weg zum Göttlichen Bewusstsein tust, alles, was Dich heil macht, ist auch für alle anderen gut. **Denn es gibt keine anderen; alle sind eins.** Darum tue das, wofür Du Dich in Liebe entscheidest. Und denke daran: Triffst Du eine Entscheidung, die im Außen nicht nur Dich alleine betrifft, dann tue das mit Liebe und dem Bewusstsein, dass alle daran beteiligten Seelen diese Situation herbeigeführt haben, um daran zu wachsen. Entscheide in Liebe und Göttlichem Bewusstsein und mit Weisheit.

Die von Deiner Entscheidung betroffenen Seelen haben ebenso den Freien Willen wie Du und so die Freiheit, zu entscheiden, ob sie Deine Entscheidung akzeptieren oder nicht. Sie sind in jedem Moment in der Lage, ihren Standpunkt neu zu definieren und so ihr Wachstum fortzuführen."

... über die Karmische Schuld

„Viele Menschen leben in der Überzeugung, dass sie ihr Schicksal ertragen und erdulden müssen und glauben an die Karmische Schuld. Die Karmische Schuld wird als praktische Ausrede für „Spirituelle Faulheit“ und Bequemlichkeit und die sich daraus ergebende Stagnation verwendet.

**Wisse Mensch, es gibt keine Karmische Schuld,
denn im Universum gibt es kein Gut und Schlecht,
kein Richtig oder Falsch.**

Ich habe Euch als Wesen mit Absoluter Freiheit erschaffen, als Wesen mit einem Freien Willen. Wisset, dass Ihr alles, was Ihr erduldet und ertragt, **sofort** auf Grund Eures Freien Willens ändern könnt. Ihr habt die Freiheit, Lebensumstände zu erdulden und zu ertragen und Ihr habt die Freiheit, diese Lebensumstände nicht zu erdulden und nicht zu ertragen.

**Ihr habt die Freiheit,
nach Eurem Freien Willen zu leben.
Ihr habt den Freien Willen,
Eure Freiheit zu leben.**

Überlege Dir, Mensch, was erduldest Du, was erleidest Du? Deine eigenen Begrenzungen, die Situationen, die Du Dir zu Deinem eigenen Wachstum erschaffen hast.

Daher: Wachse, lebe, sei frei!
Sei voll Liebe, glaube!
Geh so Deinen Weg!“

... über Schuldgefühle und Dankbarkeit

„Du schuldest keinem anderen Menschen etwas!
Wirf all Deine Schuldgefühle über Bord.
Sie machen Dich krank!

Menschen verwechseln oft Dankbarkeit mit Schuldgefühlen. Wenn jemand etwas für Dich tut, dann ist es in Ordnung, dankbar zu sein dafür. Aber es ist nicht in Ordnung, dass Du das Gefühl hast, dass Du jetzt etwas schuldest. Nicht einmal Dankbarkeit wird geschuldet!

Wenn jemand, der etwas für Dich tut, von Dir Dankbarkeit oder etwas anderes **fordert**, dann will er lediglich Macht über Dich ausüben. **Dieser Mensch hat nicht aus Freiem Herzen gegeben.** Er erweckt bei Dir den Eindruck, dass Du in seiner Schuld stehst und schon hast Du ein Schuldgefühl! Lass das nicht mit Dir machen! Ein Mensch, der in anderen Menschen Schuldgefühle auslöst und diese so seiner Macht unterwirft, ist sich seiner eigenen Existenzberechtigung so unsicher, dass er sich selbst diese durch die Machtausübung, ja, durch den Missbrauch der Macht, beweisen muss.

Vergiss nicht, dass niemand das Recht hat,
Dich zu unterdrücken.
Du bist niemands Sklave.“

... über die Menschen in ihrer Gesamtheit

„Jeder Mensch lebt anscheinend auf der Erde als Individuum, als Einzelwesen, ist aber dennoch ein Teil des Ganzen. Ich habe Mich geteilt in alle Seelen, die da sind, um Mich zu erfahren und daher sind alle Menschen in ihrer Gesamtheit ICH und Du bist auch alle anderen – Wir sind eins.

ICH BIN DU,
DU BIST ICH.
WIR SIND EINS.

Daher liebe alle Menschen,
denn sie sind ein Teil von Mir und
daher auch ein Teil von Dir.

Du siehst also, dass der Mensch als Einzelwesen eine Illusion ist, die zum Sammeln von Erkenntnissen dient. Die meisten Menschen haben das Wissen um die Ganzheit verloren. Sie fühlen sich einsam und verlassen, isoliert. Sie haben vergessen, dass sie SELBST DAS LICHT sind und fühlen sich daher von der Dunkelheit umgeben. Wenn Du so ein trauriger Mensch bist, entfache Dein Licht, wenn Du so einen Menschen kennst, zeige ihm, wie das Licht entzündet wird.

Trage MEIN LICHT, UNSER LICHT, in die Welt!"

... über den Umgang mit anderen Menschen

„Beurteile oder verurteile andere Menschen nicht nach deren Aussehen, gesellschaftlicher Position, materiellem Wohlstand und allen anderen Kriterien, die Ihr Menschen als Beurteilungsgrundlagen nehmt! Beurteile oder verurteile andere Menschen nicht, denn Du beurteilst oder verurteilst nur Dich selbst!

Es geht immer nur um die Seele eines Menschen, um seine Ausstrahlung, und nicht um sein äußeres Erscheinungsbild oder wer er „als Mensch" ist. **Einen Menschen kennst Du nur dann, wenn Du seine Seele erkennst.** Diese wird Dir aber bei einer Begegnung von Mensch zu Mensch verborgen bleiben. Die Begegnung der Seelen erfolgt in einer anderen Dimension; und zwar immer, auch bei Menschen mit einem geringen Bewusstseinsgrad.

Außerdem bedenke immer: Verurteilst Du einen anderen Menschen, dann verurteilst Du Dich selbst!

Denn:

WIR ALLE SIND EINS!

Wenn Du andere Menschen siehst, dann denk daran, dass Wir alle eins sind. In jedem anderen Menschen siehst Du Mich! Wenn Du Dich in den Spiegel schaust, siehst Du in Deinem Spiegelbild Mich! Daher achte alle anderen Menschen und bringe ihnen Liebe entgegen. Wenn Du einen anderen Menschen ablehnst, lehnst Du Mich ab und konsequenterweise auch Dich selbst. Betrachte daher alle anderen Menschen mit Liebe. In Ihnen lebt derselbe Göttliche Funke wie in Dir!

Behandle andere Menschen so wie Du von ihnen behandelt werden willst. Dies entspricht dem Kosmischen Gesetz von Ursache und Wirkung. Das, was Du aussendest, kommt zu Dir zurück. Beachte bei Deinen Handlungen und Gedanken, dass Du mit jeder anderen Seele verbunden bist, das heißt, die Wirkungen Deines Tuns und Denkens treffen nicht nur Dich, sondern auch alle anderen Menschen.

Das heißt also, dass jeder von Euch unendlich vielen Einflüssen ausgesetzt ist. Dieser Umstand ist Euch aber nicht bewusst. Wenn Du Dir diese Tatsache nicht bewusst machst, wirst Du wie ein Blatt im Wind hin- und hergeweht, findest Deinen Weg nur schwer, weil Du von den Gedankenströmen der anderen mitgerissen wirst. Wenn Du sehr stark auf diese Gedankenenergien reagierst, Dein Energiefeld beziehungsweise Deine Aura schwach ist, dann bist Du nicht mehr Herr Deines Lebens, das heißt, nicht Du bestimmst Dein Sein, sondern andere Menschen. Du machst Dich damit zum Diener Ihrer Gedanken, bist „fremdbestimmt". Das ist die Vorgangsweise der Mächtigen der Welt, die Methode, mit der sie ihre Macht festigen. Jeder von Euch wird konstant, zumeist mittels der Medien, mit Gedankenenergie nahezu bombardiert mit dem Ziel, Euch gefügig und klein zu machen. Gedanken und Ideen werden auf diese Weise in jedes einzelne Unterbewusstsein „eingepflanzt", zumeist von den Betroffenen unbemerkt. Diese Gedanken und Ideen werden immer wieder mit Energie versorgt, so setzen sie sich verstärkt im Geist des einzelnen Menschen fest. Das geht so lange, bis der Einzelne gar nicht mehr weiß, dass das niemals seine Idee, sein Gedankengut war, weil er diese Gedanken ab dem Zeitpunkt von deren Erkennen immer als die seinen anerkannt hat. Und so nehmen auf der Erde die seltsamsten Gedanken Gestalt an, getragen von Menschen, denen diese Gedanken „eingepflanzt" wurden. Auf diese Weise steuert man die Massen, ohne direkt auf sie Einfluss zu nehmen.

Jetzt kannst Du sehen, dass der Wahnsinn,
der auf der Erde um sich greift, Methode hat.

Es ist daher wichtig, dass Du Deine Aura als Schutzschild gegen fremde Einflüsse verwendest. Reinige Deine Aura regelmäßig und umgib sie mit einer Goldenen Schutzschicht, um Dich diesen Einflüssen zu entziehen.

Verhalte Dich anderen Menschen gegenüber immer so wie Du von ihnen behandelt werden möchtest. Das Kosmische Gesetz von Ursache und Wirkung sorgt dafür, dass jeder das erhält, was er selbst gibt.

Du erntest, was Du säst.
Denn Du bist der Schöpfer Deines Lebens.

Willst Du geliebt werden, dann gib Liebe.
Willst Du gesund werden, dann geh den Weg ins Licht und zeige anderen den Weg ins Licht.
Willst Du materiellen Wohlstand, dann sei großzügig mit Deinem Geld, gib einen Teil davon denen, die (noch) weniger haben.
Willst Du geachtet und respektiert werden, dann achte und respektiere andere.

Das heißt also, dass Du das, was Du vermehrt, in einem größeren Maß als bisher, haben willst, zuerst weggeben musst, damit diese Gabe um ein Vielfaches vermehrt zu Dir zurückkommt!

Dieses Prinzip gilt natürlich auch für Dinge, die Du gar nicht haben willst, die aber dennoch um ein Vielfaches vermehrt zu Dir zurückkommen.

Bist Du anderen gegenüber aggressiv, so wird man Dir mit Aggression begegnen.
Misstraust Du anderen, wird man Dir nicht vertrauen.
Liebst Du andere nicht, dann wirst auch Du nicht geliebt.

Dieses Kosmische Gesetz hat immer seine Gültigkeit. Doch oft ist für Euch Menschen der Zusammenhang nicht nachvollziehbar, weil zwischen Ursache und Wirkung ein größerer Zeitraum liegt und Du Dich deshalb selbst nicht mehr als Ursache erkennst."

... über die Hilfe von anderen Menschen

„Der Mensch ist nie alleine, er ist immer von helfenden Seelen, auch in Menschengestalt umgeben. Ein Mensch, der bewusst wird und dem Ruf seiner Seele folgen will, wird immer auf Menschen treffen, die ihm weiterhelfen.

Sei offen und gehe mit geöffneten Sinnen durch das Leben und Du wirst von denen gefunden werden, deren Hilfe Du zur Weiterentwicklung, zum Wachstum brauchst. Du musst nicht darüber nachdenken, was zu tun ist, lass es einfach geschehen! Deine Seele zieht den für Deine Entwicklung richtigen Menschen in Dein Leben. Jeder Mensch, der Dir begegnet, ist Dir eine Hilfe. Jeder Moment ist vollkommen. Menschen sehen aber für sie negative Ereignisse oder Erlebnisse nicht als Hilfe an.

Darum wisse, Mensch, dass Deine Seele jedes Ereignis in Dein Leben holt, um Dich dazuzubringen, Dich an Hand dieses Ereignisses zu definieren, einen neuen Standpunkt zu beziehen.

Dementsprechend gibt es keine Zufälle oder Unfälle, sondern nur Göttliche Fügungen. Jeder „Schicksalsschlag" ist zur Neuorientierung gedacht, denn wenn diese nicht notwendig wäre, dann wäre dieses „negative" Ereignis nicht eingetreten. Deshalb bedaure oder bemitleide oder beneide niemanden um sein Schicksal – jeder hat seinen eigenen Weg und Du weißt nicht, warum das Leben eines anderen so ist wie es ist und nicht anders.

Vertraue in die Göttliche Fügung, vertraue Dich der Führung Deiner Seele an und wisse, dass es gut so ist wie es ist. Trachte dennoch nach Wachstum, indem Du einfach bereit bist, zu wachsen. Habe die Bereitschaft und es wird geschehen."

… über den Umgang mit Menschen, die Dir Böses wollen

„Fürchte Dich nicht vor Menschen, die Dir Böses wollen, die Dir Schlechtes wünschen, die Dich verfluchen. Wenn Du mit Mir verbunden bist, kann Dir nichts geschehen.

Böse Dinge, Flüche treffen Dich nur,
wenn Du resonanzfähig bist, das heißt,
dass Du selbst es für möglich hältst,
dass Dich dieses Ereignis trifft.

Das ist wie beim Telefonieren: Wenn Dich jemand anruft und Du nimmst den Hörer nicht ab, dann kann Dir der Anrufer seine Botschaft nicht übermitteln. Du bist nicht empfangsbereit. Du solltest aber auch den Anrufbeantworter – in diesem Fall Dein Unterbewusstsein – abschalten. Dein Unterbewusstsein ist nämlich **immer** empfangsbereit. Daher ist es wichtig, das Unterbewusstsein konstant „zu reinigen", das heißt, von negativen Gedanken über Dich selbst und negativen Mustern und Blockaden zu befreien. So lange diese in Deinem Unterbewusstsein „gespeichert" sind, bist Du resonanzfähig, „auf Empfang". Der „Reinigungsvorgang" ist einfach, das „Putzmittel" heißt Liebe.

Liebe Dich selbst,
liebe Dich wie Du bist.

Durch die Eigenliebe und Selbstakzeptanz ist Dein Energiefeld immer stark, Deine Energiespirale dreht sich immer in Richtung Kosmos. Deine Selbstliebe umgibt Dich wie ein Schutzwall, der undurchdringlich ist.

ICH BIN DIE LIEBE
und ICH umgebe Dich wie ein Schutzwall."

… über leidvolle Situationen

„Wenn Du unter Situationen oder Menschen leidest, dann stell Dir die Frage, was Dir diese Situation oder dieser Mensch spiegelt – nämlich Deine eigenen Defizite. Also erkenne das, was Dir fehlt, und füge es Deinem Wesen hinzu. Diese Situationen dienen Deiner Entwicklung, sie machen Dich stark und bringen Dein Licht zum Strahlen. Diese Situationen werden Dich als Mensch so lange belasten, bis die Eigenschaften, die Du erlernst, die Du Deinem Wesen hinzufügst, die optimale Stärke und Ausprägung erfahren haben.

Ob der Vorgang der Ganzwerdung in Bezug auf die erforderliche Eigenschaft abgeschlossen ist, merkst Du in den meisten Fällen an folgenden Ereignissen:

1. Der Mensch, die Situation, verschwindet vollkommen aus Deinem Leben, oder
2. der spiegelnde Mensch ist zwar in Deinem Leben noch vorhanden, ändert aber sein Verhalten Dir gegenüber.

Wenn die Situation oder das Verhalten eines Menschen eine Gruppe betrifft, zu der Du auch gehörst, und Du selbst hast aber Dein Defizit bereinigt, dann gibt es wiederum mehrere Möglichkeiten, an denen Du den Stand Deiner persönlichen Entwicklung ablesen kannst:

1. Der spiegelnde Mensch ändert grundsätzlich sein Verhalten Dir gegenüber, aber nicht dem Rest der Gruppe gegenüber, oder

2. wie Punkt 1., aber der spiegelnde Mensch ändert **nicht** grundsätzlich sein Verhalten Dir gegenüber, sondern nur manchmal oder öfters. In diesem Fall kommt es jedoch auf Deine Reaktion an: Wenn Du das Gefühl hast, „über den Dingen zu stehen", das heißt, das, was Dir gespiegelt wird, „stört" Dich nicht mehr, dann hast Du das gelernt, was Deine Lernaufgabe war.

Der spiegelnde Mensch ändert deshalb nicht grundsätzlich sein Verhalten, weil das Kollektive Bewusstsein der Gruppe „negatives" Verhalten nach wie vor hervorruft. Diese Reaktionen auf das Kollektive Bewusstsein treffen indirekt natürlich auch Dich, weil Du ein Teil der Gruppe bist. Wenn Du jetzt das Kollektive Bewusstsein durch Dein Einzelbewusstsein nicht heben kannst, **UND** über den Dingen stehst, dann ist der Zeitpunkt da, die Gruppe zu verlassen. Du fragst Dich jetzt vielleicht: „Warum erst jetzt?" Die Antwort ist einfach: Verlässt Du die Gruppe zu früh, das heißt, wenn die von Dir zu erlernende Eigenschaft in Deiner Persönlichkeit noch zu wenig ausgeprägt ist, wirst Du wieder eine solche Situation, einen solchen Menschen, in Dein Leben ziehen – und zwar natürlich so lange, bis Du die erforderliche „Stärke" erlangt hast. Wenn Du Deine Lernaufgabe nicht erfüllt hast, wirst Du wieder in dieselbe Situation geraten – also kannst Du gleich dort bleiben, wo Du bist.

Wenn Du aber über den Dingen stehst, bist Du dieser Situation entwachsen und reif für neue Erfahrungen – Du kannst also die Gruppe verlassen. Mit Dankbarkeit für das Gelernte, Liebe zu jedem Einzelwesen dieser Gruppe und Freude auf das Kommende.

Verlässt Du die Gruppe zu diesem Zeitpunkt nicht, sondern machst es Dir dort „gemütlich“, werden wiederum in Deinem Leben Situationen auftauchen, die Dir zeigen, dass Du die Gruppe verlassen musst, weil sonst Deine Entwicklung, Dein Fortschritt stagniert – Du blockierst Dich selbst. Diese neuen Umstände werden Dir als „negative“ Erlebnisse erscheinen, sollen Dich aber nur daran erinnern, dass es Zeit ist, neue Erfahrungen zu machen, den Weg fortzusetzen.“

„Alles, was Ich geschaffen habe, ist liebenswert
und hat ein Recht auf ein Leben in Frieden und Liebe.

ICH BIN DU.
DU BIST ICH.
WIR SIND EINS.
ALLE SIND ALLES.

Wenn Du andere verfolgst, verfolgst Du MICH.
Wenn Du andere aussetzt, setzt Du MICH aus.
Wenn Du andere ächtest, ächtest Du MICH.

Wenn Du andere verfolgst, verfolgst Du DICH.
Wenn Du andere aussetzt, setzt Du DICH aus.
Wenn Du andere ächtest, ächtest Du DICH.

WARUM TUST DU DAS?“

... über die Spirituelle und die Weltliche Macht

„Macht lässt sich in zwei Gruppen unterteilen: Spirituelle Macht und Weltliche Macht.

Spirituelle Macht entwickelt sich am Weg zur Bewusstwerdung, am Weg ins Licht. Je bewusster ein Mensch ist, desto größer wird seine Spirituelle Macht. Durch das Kennen und Beherrschen der Kosmischen Gesetze erschließt sich dem Einzelnen ein unerschöpfliches, für Euch Menschen unvorstellbares Potenzial. Wer aber diese Macht erlangen will, muss die „Prüfungen des Lebens" meistern und sich würdig und der Verantwortung bewusst zeigen, denn ansonsten könnte unermesslicher Schaden angerichtet werden. Durch die Bewusstwerdung erhöht sich die Schwingungsfrequenz des Menschen und jede Frequenz hat ein besonderes Machtpotenzial, das zur Verfügung steht. Wenn nun ein solches Machtpotenzial perfekt beherrscht wird, kann der Mensch den nächsten Schritt tun, nämlich seine Frequenz erhöhen und erlangt daher mehr Macht. Jemand, dem Spirituelle Macht zuteil wird, wird sie nicht missbrauchen, da er nach den Kosmischen Gesetzen lebt, diese zutiefst verinnerlicht und diese als wahr und ewig gültig erkannt hat.

Weltliche Macht entwickelt sich in Eurer Erdendimension, von Mensch zu Mensch und nicht von Seele zu Seele.

Sie existiert auf einer anderen Ebene als Spirituelle Macht. Weltliche Macht zeigt sich auffällig im Außen; Menschen, die sie besitzen, zeigen sich zumeist so, dass niemand ihre Macht übersehen kann. Dies zeigt den geringen Entwicklungsstand dieser Menschen, denn Spirituelle Macht ist niemals auffällig oder gar extrem auffällig, sondern sie zeigt sich nur durch die Ausstrahlung, die ein Mensch besitzt, nämlich die Ausstrahlung der Wahrhaften Liebe. Menschen, die Weltliche Macht ausüben, erwecken selten den Eindruck von gelebter Liebe im Sinne des Kosmischen Gesetzes. Jemand der Spirituelle Macht besitzt, wird diese nicht missbrauchen (ja, er käme gar nicht auf die Idee!), Weltliche Macht hingegen wird oft missbraucht und zwar für die eigenen Zwecke oder die von nahe stehenden Personen oder Gruppen. Dieser Missbrauch ist dann abzulehnen, wenn anderen dadurch Schaden zugefügt wird, wobei es unerheblich ist, ob die Betroffenen den Schaden bemerken oder nicht. Menschen, die ihre Weltliche Macht missbrauchen, bringen damit ihre eigene Unzulänglichkeit zum Ausdruck, die auf dem Rücken anderer ausgelebt wird.

Alle davon Betroffenen können sich dem entziehen, indem einfach das durch den Machtmissbrauch gespiegelte, eigene Defizit aufgelöst wird. Hebe Dein Einzelbewusstsein beziehungsweise hebt Euer Kollektives Bewusstsein und entzieht dem Machtmissbrauch die Basis!“

... über das System der Unterdrückung und die Macht

„Auf der Erde herrscht ein im Universum einzigartiges System der Unterdrückung. Die Methoden sind mannigfaltig. Man nehme nur die Unterdrückung der Frau, die gezwungen wird, ihr Antlitz (Mein Antlitz!) zu verschleiern, schwere Arbeit ohne Lohn zu verrichten (was ist mit den Hausfrauen?) oder Arbeit um weniger Geld als ein Mann oder überhaupt ohne Lohn zu tun. Frauen, die kein Wahlrecht haben, ja nicht einmal ein Recht auf Meinungsäußerung. Die Frau, die als das Unreine gesehen wird, dem Manne untertan sein und in der Kirche schweigen soll.

Frauen: Warum nehmt Ihr das hin?

Ich habe Mann und Frau als **gleichberechtigte** Wesen geschaffen, als **Dualität** wie Tag und Nacht, als **dualistische Teile des Einen**. Jede Handlung, die der Gleichbehandlung widerspricht, jede Handlung, die nicht Gleichberechtigung zeigt, ist ein Missbrauch der Macht. Diesem Missbrauch kann auf Grund des Freien Willens jederzeit Einhalt geboten werden! Worauf wartet Ihr eigentlich noch?

Eine weitere Maßnahme der Unterdrückung sind zu hohe Steuern, denn dadurch wird dem Menschen zum Teil die materielle Basis entzogen, um seinen Freien Willen auszuleben. Dadurch wird der Mensch manipuliert und kontrolliert.

Freie Menschen sind eine Gefahr für das Establishment, daher nützt dieses alle Möglichkeiten, um die Freiheit des Einzelnen einzuschränken.

Dazu gehören auch Gebote und Verbote. Der Mensch ist nur mehr von Verboten umgeben, wird eingeengt und begrenzt. Es gibt auf der Erde mehr Verbote als es Möglichkeiten gibt, in Freiheit zu leben. Dann wundert Ihr Euch, wenn Menschen in Raserei und Aggression verfallen. In Wahrheit ertragen sie den Druck und die Beengung nicht mehr. Ihr wundert Euch, warum Verbote einfach ignoriert werden? Jede Seele weiß, dass sie ein Recht auf Freiheit hat und so weiß das natürlich auch jeder Mensch tief in sich. Jeder von Euch kann sofort in Freiheit leben, wenn das Kollektive Bewusstsein dahingehend geändert wird.

Der Grad der Zivilisiertheit einer Gruppe zeigt sich in dem Maß, in dem Freiheit zugelassen wird. Daran könnt Ihr sehen, dass Ihr von der Wahren Zivilisation weit entfernt seid. Wenn die Kosmischen Gesetze, und das sind die einzigen Gesetze, die in Wahrheit zum Zusammenleben nötig sind, beherrscht und gelebt werden, sind alle anderen, von Menschen geschaffenen Gesetze, nicht not-wendig. Je mehr Ihr die Kosmischen Gesetze in Euer Leben integriert, desto größer wird Eure Freiheit. Die Freiheit muss zuerst im Innen geschaffen werden, um dann im Außen in Erscheinung zu treten. Dazu bedarf es einer Erhöhung des Bewusstseins des Einzelnen und einer Erhöhung des Kollektiven Bewusstseins.

Lasst Euch nicht hindern durch die,
die Eure Unterdrücker sind!
Sie handeln aus reiner Machtgier
und aus der Angst heraus,
diese Macht zu verlieren.

Ich habe Mutter Erde so reichlich mit Ressourcen ausgestattet, dass sie für alle Bewohner der Erde reichen – auf Millionen von Jahren! Lasst Euch nicht von denen unterdrücken, die Ressourcen horten, um hohe Preise zu erzwingen!

Lasst Euch nicht von denen unterdrücken, die Euch mit der Vernichtung drohen.

Arbeitet mit dem Kollektiven Bewusstsein dagegen an! Ihr habt alle Macht dazu! Es sind nur wenige Menschen auf der Welt, die die restliche Bevölkerung unterdrücken. Die Unterdrückten sind um ein Vielfaches in der Mehrheit. Wenn Ihr Euer Kollektives Bewusstsein zielführend einsetzt, setzt Ihr eine ungeheure Energie frei – zu Euer aller Heil!

Der Grad der Erleuchtung eines Volkes oder auch nur eines Menschen zeigt sich darin, ob Macht über andere Menschen ausgeübt wird oder nicht.

Der Wahrhaft Erleuchtete übt nicht **Macht über** andere aus, weil er erkannt hat, dass er selbst und der andere ident sind. Alles ist eins. Der Wahrhaft Erleuchtete lebt das SO SEIN. Und er lässt andere SO SEIN.

Es ist ein typisches Phänomen der Bewohner des Planeten Erde (aber nicht aller Bewohner!), dass sie immer Macht über andere haben wollen. Dies dient lediglich ihrem Selbstwertgefühl und ihrer Selbstbestätigung. Machtausübung über andere funktioniert aber nur dann, wenn die anderen das zulassen und sich kein Widerstand formiert. Bewegungen, die die Geistige Freiheit unterstützen, fördern, in Erinnerung rufen, werden von den Mächtigen nicht zugelassen oder sabotiert, weil ihnen dadurch die Lebensbasis entzogen werden könnte. Sie verlören ihre Macht und damit ihr Selbstverständnis. **Freigeistige Menschen sind auf der Erde nicht erwünscht.** Eure Regierungen und Eure Kirchen wollen gedankenlose Ja-Sager und Steuerzahler und stellen ihre Macht auf ein immer festeres Fundament. Ihr werdet durch Medien kollektiv manipuliert und gelenkt. Es werden Euch mit Absicht so viele Probleme serviert, dass der Einzelne sie nicht mehr überschauen kann und das Darübernachdenken aufgibt.

Eure Mächtigen auf der Welt vergessen hiebei aber ein Kosmisches Gesetz: je mehr Energie einem Problem zugeführt wird, desto größer wird es. Gedanken sind Energie, die sich in der Realität manifestieren. Wenn die ganze Welt darüber nachdenkt, dass die Zahl der Arbeitslosen immer größer wird, wird sie – trotz aller Gegenmaßnahmen – immer größer werden. Ebenso verhält es sich mit der Umweltverschmutzung, dem Ressourcenmangel (obwohl Ich Euch mehr als genug Ressourcen gegeben habe), Kriegen und allem, was immer die Welt oder einzelne Nationen bewegt. Das Kollektive Bewusstsein wird in eine bestimmte Richtung gelenkt und dadurch wird eine ungeheure, für Menschen unvorstellbare Energie frei, die aber auf Grund der zugrunde liegenden Gedanken, zum Beispiel an die katastrophale Umweltverschmutzung, NIEMALS zur Problemlösung führen kann, sondern nur zur Vergrößerung des Problems.

So wie der Einzelne durch seine Gedanken seine „kleine" Welt beeinflusst, beeinflussen Menschen durch ihre kollektiven Gedanken die „große" Welt. Der Einzelne sieht, was auf der Erde geschieht und glaubt aber, dass er nicht mächtig genug ist, diese Vorgänge zu unterbinden. Daher ist der Einzelne aufgerufen, sein Bewusstsein zu ändern, Gleichgesinnte zu finden, und so als immer größer werdende Gruppe das Kollektive Bewusstsein zu ändern. Nimm die negativen Gedanken des Kollektiven Bewusstseins nicht in Dein Bewusstsein als Einzelwesen auf, denn, wenn Du spirituell nicht stark genug bist, kannst Du Dein Bewusstsein nicht „sauber" halten. Schließt Euch in Gruppen zusammen, unterstützt Euch in diesen Gruppen und von Gruppe zu Gruppe. Bildet ein Netz, das Euren Planeten überzieht. Denkt daran, dass Euch die gesamte Kraft des Kosmos zur Verfügung steht, um das Kollektive Bewusstsein auf das einzige Ziel: DIE ERLEUCHTUNG, zu richten. Zu Euer aller Wohl.

Lass Dich nicht unterdrücken!

Kein Mensch hat nur irgendein Recht, über andere zu herrschen. Menschen, die Macht haben, verfallen in eine Art Wahn – sie erkennen die Realität nicht mehr oder wenn sie noch erkannt wird, dann wird sie ignoriert, mit Gewalt zurechtgebogen, um den Mächtigen die Macht zu erhalten. Macht blendet. Macht macht blind.

Wehrt Euch gegen die, die Euch um ihren eigenen Vorteil willen, ausnützen! Die Euch unterdrücken, um Macht zu haben, die Euch klein machen. Menschen, die Euch wie Sklaven behandeln, um selbst Reichtum anzuhäufen, die Gewinne zu steigern. Bei allen diesen Dingen geht es nur um Macht.

Macht zu haben bedeutet aber auch, Verantwortung zu haben. Ein Arbeitgeber, der Macht über seine Mitarbeiter hat, was der Normalfall ist, da die wirtschaftliche Abhängigkeit gegeben ist, hat auch Verantwortung für seine Mitarbeiter zu tragen, was bedeutet, dass er, wenn er seine Macht missbraucht, verantwortungslos ist. Er nutzt nur seine **Macht ÜBER** seine Mitarbeiter für seinen eigenen Vorteil. Er nützt aber nicht seine **Macht FÜR** seine Mitarbeiter, sondern nur für sich! Löst Euch von solchen Arbeitsplätzen!

Jeder erkenne seinen eigenen Wert!

Dieser Arbeitgeber hat nur Macht über Euch, weil er Euch das Gefühl gibt, wertlos zu sein.

Dieser Arbeitgeber spiegelt Euch Eure eigenen Gedanken über Euch selbst: Ihr denkt selbst über Euch, dass Ihr wertlos seid!

Wenn Du Dich selbst nun zu wenig liebst und auch nicht von Deinem eigenem Wert überzeugt bist, passt Du perfekt in das System Deines Arbeitgebers – Du machst Dich damit zum Opfer! Und Du findest als Opfer immer einen Täter! Erkenne Deinen Wahren Wert und befreie Dich aus dieser Situation!

Hört endlich auf, an Eure Machtlosigkeit zu glauben! Hört endlich auf zu glauben, dass Ihr ausgeliefert seid (wem eigentlich?).

Ihr seid in Wahrheit Eurer EIGENEN Machtlosigkeit ausgeliefert,
weil Ihr Eure EIGENE Macht nicht erkennt!
Es gibt keine Hölle!
Deine Hölle ist ein Leben in dem Glauben
an Deine eigene Machtlosigkeit!“

... über die Meditation

„Meditation ist der Weg zu Deinem
WAHREN SELBST.

Du kannst meditieren auf welche Art auch immer, wie es Dir angenehm ist. Es gibt dafür keine Regeln. Das Ziel ist, zu Dir zu finden; in der Stille hörst Du Deine Seele und Mich. Irgendwo in Deinem Körper leuchtet der Göttliche Funke, Das Licht, die Seele, das, was ein Teil des Ganzen ist. Finde dieses Licht in Dir – es wartet darauf von Dir gefunden zu werden! Sei in Ruhe, vergiss die Außenwelt (lege einfach den „Schalter" um und stell sie ab!) und versenke Dich in Dich; geh zu Deinem Licht. Wenn Du das Licht gefunden hast, hast Du Deine Seele gefunden, hast Du MICH gefunden. Das ist der Anfang des Weges der Bewusstwerdung.

Eines Tages kommt dann der Moment, und Du kannst sofort – ohne Meditation – Kontakt mit Deinem Inneren Licht aufnehmen. Und dann kommt der Moment, ab dem dieser Kontakt nicht mehr abreißt, immer vorhanden ist. Dann bist Du konstant mit dem Allbewusstsein verbunden. Dann bist Du bereit, in die Geistige Welt vorzudringen!

Dieses Licht in Dir wird immer größer werden. Es wird über Deinen Körper hinauswachsen, sodass Dein Körper im Licht ist und nicht mehr Das Licht im Körper. Dein Bewusstsein erweitert sich. Öffne Dich nach oben, öffne Dein Scheitel-Chakra und erhebe Dein Licht! Dehne Dein Bewusstsein in allen Räumen aus, in denen Du Dich aufhältst! Fülle die Welt mit Deinem Bewusstsein, Deinem Leuchten, Deinem Strahlen.

SEI DAS LICHT!“

... über Deinen Inneren Führer

„Wenn Du meditierst, dann suche Deinen Inneren Führer, der Dich auf Deinen Reisen durch die Zeit und durch die Welten begleitet. Dieser Innere Führer ist Deine Innere Stimme. Er wird Dich mit Worten begleiten oder Dir Bilder schicken, auf die Du Dich in der Meditation konzentrieren sollst. Vertraue darauf, dass er in Dir ist und Dir den Weg zeigt, bitte ihn, dass er sich Dir zeigt. Er hat die Lösung für all Deine Probleme parat, kennt Deine eigene, persönliche Wahrheit, wird Dich geleiten. Er wird Dich durch alle Ebenen Deines Seins begleiten, durch alle Realitäten und Dimensionen.

Wenn Du Dich seiner Führung anvertraust, dann wirst Du Welten sehen, von denen Du nichts ahnst. Es werden sich Dir Dimensionen eröffnen und Du wirst die Wahren Dimensionen Deines Seins erleben.

Dein Innerer Führer kann Dir als Mensch erscheinen, er kann ein Licht sein oder aber auch ein Tier, zum Beispiel ein Delphin, oder aber ein Engel oder ein anderes Lichtwesen. Er kennt Deinen Erfahrungs- und Wissensstand und wird Dich behutsam auf Deinem Weg begleiten und Dir zeigen, wie Du die Frequenz Deiner Schwingung erhöhst. Er zeigt Dir die Art der Meditation, die für Dich optimal ist. Du wirst von ihm erfahren, auf welche Weise Du Deine Inneren Bilder am besten in das Universum projizierst, um sie Realität werden zu lassen.

Dein Innerer Führer ist Dein ständiger Begleiter, Ratgeber und Mentor.

Er ist Dein bester Freund.
ER IST ICH.“

... über Träume

„Immer, wenn der Körper schläft, geht die Seele den Weg zurück ins Universum; dort ist ihr Zuhause. Sie bleibt dabei aber immer mit einer Art Goldenen Schnur, einer Lichtlinie, mit dem Körper verbunden. Wenn die Schnur reißt, stirbt der Körper und die Seele ist wieder frei. Diese Verbindung wird nie „zufällig“ unterbrochen, denn es gibt keinen „zufälligen“ Tod – das ist immer die Entscheidung der Seele.

Diese Reisen der Seele in den Kosmos bringen dem Menschen die Träume. Träume sind Botschaften, die ernst genommen werden sollten. Je bewusster ein Mensch ist, desto klarer und realistischer sind seine Träume, das heißt, sie sind weniger oder gar nicht „verschlüsselt“. Sie können unmittelbar auf das Leben oder eine bestimmte Lebenssituation umgelegt werden. Wiederkehrende Albträume sind ein besonders dringendes Warnsignal. Die Botschaft eines Albtraumes ist dann richtig entschlüsselt, wenn dieser sich nicht mehr wiederholt.

Träume sind individuelle, maßgeschneiderte Botschaften der Seele an den ihr angehörigen Menschen. Somit können Träume nur individuell „entschlüsselt“ werden und daher gibt es keine allgemein gültigen Regeln für die Traumdeutung. Durch Meditation und Kommunikation mit Deiner Seele kannst Du diese Bilder richtig deuten.

Träume können prophetisch sein, das heißt, die Bilder einer möglichen Zukunft zeigen. In diesem Bereich ist das Beachten von Albträumen dementsprechend besonders wichtig. Sie zeigen Dir, wo Du am falschen Weg bist, wo eine Kurskorrektur erforderlich ist. Träume können Dir aber auch zeigen, wo negative Muster und Blockaden liegen und dringend bereinigt werden sollten. So kannst Du Szenen aus früheren Leben immer wieder träumen, und zwar so lange, bis Du die Botschaft verstanden hast.

Solltest Du zu jenen Menschen gehören, die behaupten nicht zu träumen, dann zeigt Dir das Deine mangelnde Resonanzfähigkeit. Mach Dich bereit, zu träumen, öffne Dich für die Bilder, die Dir Deine Seele im Schlaf übermittelt. Bitte Deine Seele, Dich im Schlaf „aufzuwecken".

Tagträume sind Botschaften Deiner Seele in Bilderform. Sie zeigen Dir, was Du zur Verwirklichung und Entfaltung Deines Selbst brauchst. Vor allem Tagträume, die immer wiederkehren und vielleicht sogar wie ein Film ablaufen, warten auf die Verwirklichung.

Alles, was Du träumst, kannst Du realisieren, indem Du Deine Gedanken darauf richtest und diese Bilder so lange mit Energie füllst, bis sie sich in der Realität manifestieren. Je lebendiger und realistischer Dein persönlicher Zukunftsfilm ist, desto genauer wird er sich realisieren. Du bist der Schöpfer Deines Lebens und musst daher genaue Anweisungen erteilen.

Ich spreche zu Euch auch über die Intuition, das was Ihr den Sechsten Sinn nennt oder aber – sehr zutreffend – die Innere Stimme. Wenn Ihr Intuition empfangt, dann habt Ihr Eurer Seele zugehört.

Unbewusste Menschen, also Menschen, die nicht am Weg ins Licht sind, empfangen Intuition zumeist in Krisensituationen, wenn also dringender Handlungsbedarf gegeben ist. Jedenfalls immer dann, wenn der Verstand, das Ego, „ausgeschaltet" ist. Denn nur dann tritt Intuition auf. Zum Beispiel in einer „Schrecksekunde", weil der Verstand blockiert ist durch den Schreck oder Schock – das ist der Moment, in dem die Seele das Kommando übernimmt und den Menschen zur richtigen Handlung veranlasst.

Intuition, das Gespräch mit der Seele, ist immer möglich. Erforderlich ist lediglich der Stillstand der Gedanken. Dieser Stillstand kann mit Hilfe von Meditation erreicht werden beziehungsweise – bei zunehmendem Bewusstsein – auch sofort. Konkrete Gespräche mit dem SELBST werden dadurch möglich.

Es ist immer richtig, der Intuition Folge zu leisten. Sie kann nie in die Irre führen; sie zeigt immer den Weg zum Licht oder zur Erkenntnis. Wenn Du in einer Situation bist, in der Dir Dein Sechster Sinn einen Weg zeigt, der mit gesellschaftlichen Normen oder dem, was Du tun musst, kollidiert, höre dennoch auf Deine Seele.

**Du sollst Deinen Weg gehen,
unabhängig davon,
was andere, die Gesellschaft, oder wer auch immer,
dazu sagen.**

Deine Entscheidung ist auch für andere das Signal zur Neuorientierung! Es ist kein Zufall, dass diese Situation in Deinem Leben und dem Leben anderer in Erscheinung tritt. Wenn Dich Deine Seele zu einem bestimmten Verhalten drängt, dann liegt genau in der Konsequenz aus diesem Verhalten für Dich eine Perle der Weisheit, die Du finden musst. Wenn Du dieser Erfahrung ausweichst, dann wirst Du wieder in diese Situation geraten – so lange, bis Du den für Dich richtigen Weg gehst.

**Horche in Dich hinein, sprich mit Deiner Seele,
höre auf Deine Intuition –
so findest Du den Weg ins Licht!**

ICH spreche auf viele Arten zu Dir. Träume sind nur eines meiner unendlich vielen Kommunikationsmittel. Ich spreche zu Dir, weil Du ein Teil von Mir bist.

ICH BIN DU.
DU BIST ICH.
WIR SIND EINS.

**Höre also auf Deine Innere Stimme,
verlass Dich auf sie!**

Es sind die Worte Deiner Seele, die ein Teil von Mir ist, und daher MEINE WORTE.

Vielleicht spricht sie zu Dir mit Worten oder auch mit Gefühlen – egal wie, ganz tief in Deinem Inneren spürst Du, dass Deine Innere Stimme Recht hat – dass Du, wenn Du auf sie hörst, die richtige Entscheidung triffst. Du spürst tief in Dir eine Sicherheit, Überzeugung, Gewissheit. Wenn Du das spürst, dann bist Du mit Deiner Vorgangsweise auf dem richtigen Weg; Du tust das, was für Dich richtig und gut ist.

Wenn Du vor einer Entscheidung stehst, dann „verinnerliche“ den Sachverhalt, das Problem in der Gewissheit, eine Antwort zu erhalten. Und Du wirst eine Antwort bekommen. Wenn Du Deine Entscheidung auf dieser Basis triffst, dann bist Du in Sicherheit – gehst den richtigen und direkten Weg. Die Antwort Deiner Inneren Stimme strahlt in Dir – sie kommt von Deinem Licht, von Deinem Göttlichen Funken, der in Dir leuchtet. Du fühlst das RICHTIGE für Dich tief in Dir als absolute Gewissheit.“

... über das Ego

„Wenn Du mit Deiner Seele sprichst, dann achte darauf, dass Dir nicht Dein Ego antwortet. Dein Ego ist das, was Dich auf der Erde hält und verhindert, dass Du zu Bewusstsein kommst. Das Ego ist der Verstand, der Zweifler, der Pessimist, der Nörgler, der Ignorant, der, der Dich innerlich hindert, Deinen Wahren Weg zu gehen.

Wenn Deine Seele von unbegrenzten Möglichkeiten für Dich spricht, wird Dein Ego vielleicht sagen, dass das nicht den Tatsachen, der Realität entspricht, dass Du das nicht kannst – was auch immer. Betrachte jetzt Dein Ego nicht als Feind, sondern als Freund, der Dich warnen will, als Freund, der eben auch seine Meinung sagt. Begegne Deinem Ego mit Liebe und entwickle den unbedingten, absoluten Glauben an das, was Dir Deine Seele, also Ich, mitteilt.

Dir geschehe nach Deinem Glauben!
Seel-ig der, der da glaubt!"

... über das Ego und Deine Innere Stimme

„Du musst lernen, zu unterscheiden, ob Deine Innere Stimme, also Ich, zu Dir spricht oder Dein Ego.

Dein Ego ist zutiefst menschlich, das heißt, es beurteilt alles rational, vom rein menschlichen Standpunkt aus. Es denkt logisch, wägt alle Umstände ab – zieht Bilanz.

Deine Innere Stimme spricht zu Dir und teilt Dir Umstände beziehungsweise Vorschläge mit, die auf einer anderen Ebene zustande gekommen sind, die Innere Stimme, also Ich, hat einen unbegrenzten Blickwinkel, sieht alles von einer Höheren Warte aus, beurteilt eine Situation in ihrer Gesamtheit, das heißt in der Körper-Geist-Seele-Relation, und in ihrer Auswirkung auf Deine Entwicklung. Die Innere Stimme beurteilt auf der Basis der gesamten bisherigen Entwicklung, das heißt, auf der Grundlage aller Deiner bisher gelebten Leben.

Das ist der wichtigste Unterschied zum Ego, das alles innerhalb der Grenzen seiner bisherigen, bezogen nur auf die im aktuellen Leben gemachte Erfahrungen, erfasst. Das Ego hat daher einen äußerst begrenzten Blickwinkel und ruft Dir dauernd Deine Grenzen ins Gedächtnis, was wiederum Dein Schöpfungspotenzial blockiert. Die Innere Stimme hingegen fordert Dich zum Ausschöpfen Deines Schöpfungspotenzials auf.

Bildlich stellt sich das so dar:

Die Innere Stimme sieht die ganze Fläche des Kreises.

Das Ego sieht aber nur einen kleinen Ausschnitt des gesamten Kreises.

Die weiße Fläche wird nicht gesehen. Vom Ego dominierte Entscheidungen beruhen daher auf einer unvollständigen Sicht der Dinge.

Man kann also sagen, dass Dir Deine **Innere Stimme** eine Gesamtschau liefert, eine Darstellung der Situation in ihrer Gesamtheit **VON ALLEM, WAS IST.** Dein **Ego** gibt Dir nur einen Blick auf **EINEN TEIL VON ALLEM, WAS IST**.

Deine Innere Stimme führt Dich in eine für Dich optimale Zukunft, zeigt Dir den Weg zur Manifestation der gewünschten Zukunft als Gegenwart. Dein Ego hält Dich in der Gegenwart fest, das heißt, Deine Zukunft wird so sein wie die Gegenwart. Im besten Fall. Der Normalfall wird sein, dass sich Deine Gegenwart verschlechtert. An Hand eines Beispiels werde Ich Dir jetzt zeigen, wie sich das Ego verhält, was die Innere Stimme im Gegensatz dazu sagt, und stelle Dir die jeweiligen Folgen dar.

I. Die Ausgangssituation

Du fühlst Dich an Deinem Arbeitsplatz nicht wohl. Vielleicht gefällt Dir die Art der Arbeit nicht oder nicht mehr, Du hast Probleme mit Deinem Chef – wie auch immer. Plötzlich beginnst Du Dich mit der Frage Deiner Kündigung und einem Jobwechsel zu beschäftigen. Und das ist der Moment, indem sich sofort das Ego meldet, aber auch Deine Innere Stimme, also Ich.

II. Der Dialog

1) Das Ego
Das Ego wird Dir viele menschliche, rein rationale, Gründe liefern, warum Du an diesem Arbeitsplatz bleiben sollst: Weil Du keine andere Stelle hast, weil Du Angst vor einem Neubeginn hast, wenn Du kündigst und keinen neuen Arbeitsplatz hast, verlierst Du Deine materielle Sicherheit, Dein Einkommen (Was ist mit der Miete? Wer zahlt den Kredit? Was ist mit den Versicherungen? Wovon wird der Lebensunterhalt finanziert?). Die Entscheidung Deines Egos ist klar: „Kündigen? Kommt nicht in Frage! Bist Du verrückt?“ Und in diesem Wort „verrückt“ liegt genau und exakt der Lösungsansatz, wenn man die Wahre Bedeutung

dieses Wortes betrachtet: ver-rückt. Du bist ver-rückt, das heißt, Du hast Deinen Standpunkt geändert, einen anderen Blickwinkel. In der menschlichen Sprache ist das Wort „verrückt" negativ besetzt, zielt zumeist auf einen Geisteszustand oder eine Denkweise, die dem, was Ihr als „normal" bezeichnet, zuwiderläuft. Das Ego weiß um diesen Umstand und verwendet in diesem Zusammenhang das Wort „verrückt" auf die menschliche Weise. Wenn Dir also Dein Ego sagt, dass Du verrückt bist, dann wisse für die Zukunft, dass das im positiven Sinne als Wechsel oder Änderung des Standpunktes verstanden werden muss.

2) Deine Innere Stimme
Sie hingegen wird Dich drängen, diesen Arbeitsplatz zu verlassen, wenn es gut für Deine Entwicklung ist. Dieses Drängen äußert sich im Gefühl der mangelnden Freude, der Unlust, der schlechten Laune, einer Bedrückung, die Dein ganzes Leben beeinflusst. Der Grund für dieses Drängen liegt darin, dass es Zeit für Dich ist, Dein Leben zu verändern.

III. Die Schlussfolgerungen

Das Ego wählt den Weg der scheinbaren, auf den bisherigen Erfahrungen Deines Lebens, basierenden Sicherheit. Die Innere Stimme will den Fortschritt, den Weg ins – auf den ersten Blick – Unbekannte.

Du sollst das Unbekannte bekannt machen.

Dies erscheint dem Ego als Risiko, das es zu vermeiden gilt. Wenn Du jetzt keine Entscheidung triffst, zu der Du auch unter Inkaufnahme aller Konsequenzen stehst, findest Du keine Ruhe und bist innerlich zerrissen.

IV. Die Folgen

1) Folgst Du Deinem Ego

Sämtliche Ängste und Befürchtungen, die Du hegst, werden sich in Deiner Realität manifestieren. Durch die ungute Situation an Deinem Arbeitsplatz gerät Dein Körper in Disharmonie. Dein Körper wird krank. Solange Du aber die zugrunde liegende Situation nicht änderst, besteht keine Chance auf Heilung. Des Weiteren blockierst Du Deinen Fortschritt; es tritt Stagnation ein, die dem Kosmischen Gesetz der Evolution widerspricht. Das heißt also, dass das Leben seinen Druck auf Dich verstärken muss, sodass Du endlich auf Deine Innere Stimme hörst. Zusammenfassend lässt sich sagen, dass sich Deine Situation verschlechtern wird und Du höchstwahrscheinlich auch noch krank wirst.

2) Folgst Du Deiner Inneren Stimme

Dann trittst Du zwar die Reise ins Ungewisse an, hast aber die Chance auf Glück, Wachstum und Wohlstand – auf das es in allen Bereichen wohl stehe – und nicht auf Krankheit, weitere Probleme und wachsendes Unglück. Der beste Ratgeber, den Du haben kannst, ist Deine Innere Stimme. Über die Innere Stimme spreche Ich zu Dir – und

Ich liebe Dich wahrhaftig. Warum sollte Ich Dir also etwas raten, was Dir schadet?

V. *Zusammenfassung*

Das hier dargestellte System des Widerspruches zwischen Ego und Innerer Stimme ist auf die Gründe aller Deiner Probleme, die Du hast und haben kannst, anzuwenden. Du wirst sehr bald wissen, wer zu Dir spricht: Dein menschliches Ego oder Ich!

Vielleicht gibt es in Deiner Umgebung auch Menschen, mit denen Du über Deine Probleme sprichst. Auf diese Weise kannst Du auf das **personifizierte Ego** und die **personifizierte Innere Stimme** stoßen, indem Du Dir die Meinungen dieser Menschen anhörst. Du wirst sehen, dass das Leben Dir diese Menschen zuführt, damit Du das System verstehen und die Unterscheidung lernen kannst.

Wie innen, so außen. Wenn Du diesen Konflikt in Dir hast, wird er sich auch im Außen spiegeln. Du wirst zwischen den Meinungen der Menschen hin- und hergerissen – solange bis Du Deine Entscheidung triffst und in diesem Moment ist auch der Konflikt, im Innen wie im Außen, bereinigt.

Wenn Du mehrere Male auf Deine Innere Stimme gehört hast, Dich auf sie voll Vertrauen eingelassen hast, wirst Du bemerken, dass Du Dich besser fühlst, dass Du erfolgreicher bist. Deine Innere Stimme hilft Dir, Deine Grenzen, die

Dein Ego Dir setzt, zu sprengen, über Dich hinauszuwachsen. Folgst Du Deiner Inneren Stimme, erlangst Du Wohlstand. Wohlstand ist ein Teil Deines Geistigen Erbes, das nur darauf wartet, von Dir in Besitz genommen zu werden.

Bei jedem Problem, das Du hast, solltest Du aber auch bedenken, dass Dir Deine eigenen Defizite gespiegelt werden. Solange Du diese Spiegelungen nicht aufgelöst hast, wird Dir auch Deine Innere Stimme nicht zur Änderung Deiner Situation raten. Es kann also sein, dass das Ego und die Innere Stimme die gleiche Meinung vertreten, jedoch aus verschiedenen Gründen. Darum merke: Rät Dir Deine Innere Stimme, eine von Dir als unangenehm empfundene Situation wirklich aufrecht zu erhalten, dann hast Du Dir gespiegelte Defizite noch nicht bereinigt, also einen notwendigen Lernprozess noch nicht beendet oder überhaupt begonnen. Erst nach Abschluss dieses Lernprozesses wird Dir auch Deine Innere Stimme zur Änderung der Situation raten.

Wenn Du also eine Entscheidung treffen willst, dann hast Du grundsätzlich zwei Möglichkeiten: Du fragst MICH **oder** Du fragst Dein EGO.

Wenn sich nun MEINE Ansicht nicht mit der des Egos deckt, entscheiden sich die meisten Menschen – soferne sie Mich überhaupt wahrnehmen – für den vom Ego vorgeschlagenen Weg. Auch Menschen, die MICH hören, vertrauen oft mehr ihrem Ego als Mir. Welche Entscheidung Du triffst, ist natürlich Deine Sache, denn Du folgst Deinem Freien Willen.

Der Rat, den Du von Mir erhältst, ist immer an den Kosmischen Gesetzen orientiert, den einzigen Gesetzen, die Ewige Gültigkeit haben. Mein Rat ist getragen von den Kosmischen Gesetzen der Liebe und der Fülle. Das heißt, Ich rate Dir zu einer Vorgangsweise, weil ICH DICH LIEBE, und weil Ich will, dass Du Dein Geistiges Erbe antrittst und Dein Geistiges Erbe ist DIE FÜLLE. Die Fülle ist das, was Du PARADIES nennst. Der Ort, von dem Du glaubst – oder auch nicht glaubst – irgendwann einmal hinzukommen. Du lebst JETZT schon in der Fülle, nur „weißt" Du das nicht, weil Du im MANGELBEWUSSTSEIN lebst. Dein Ego liebt das Mangelbewusstsein, damit kontrolliert es Dich, hält Dich auf der Erde. Wenn Du Meinem Rat folgst, wirst Du IN DER FÜLLE, IM PARADIES, auf Erden leben!

Also frage Dich selbst und ICH frage DICH:
Warum vertraust Du mir nicht?

Wenn Du Meinen Entscheidungen folgst, Mir vertraust, hat das nichts mit Demut, Sklaverei, dem Sich-Aufgeben oder Ähnlichem zu tun. Sondern nur mit Deinem Selbstbewusstsein.

Du bist Dir Deines Selbst bewusst
und DEIN SELBST BIN ICH!"

... über die Lebensaufgabe

„Jeder Mensch hat seine Spezielle Lebensaufgabe, die er erfüllen muss. Dieser Lernprozess kann viele Leben in Anspruch nehmen.

Jede Seele wählt in der Phase zwischen Tod und Wiedergeburt auf der Basis der bereits gewonnenen Erkenntnisse und der noch zu erlangenden, das heißt noch fehlenden Erkenntnisse, die Umstände des nächsten Lebens aus.

Alle Umstände, die Dein jetziges Leben prägen, entstammen DEINEM FREIEN WILLEN.

Du hast Dir Deine Eltern ausgesucht, das Land, in dem Du lebst – Du hast im Großen und Ganzen gewusst, was auf Dich zukommt. Du, das heißt Deine Seele, hast Dein Leben vorhergeplant. Nun läuft es aber oft anders, denn als Mensch, als Ego, weißt Du nichts von den Plänen Deiner Seele. Deine Seele weiß selbstverständlich immer noch um Deine Lebensaufgabe.

Planmäßig, im Sinne des Planes Deiner Seele, verläuft Dein Leben nur dann, wenn Du auf Deine Seele hörst, die Dich immer wieder erinnert, auf den ursprünglichen Weg bringen will. Hörst Du nicht, dann findet Deine Seele Mittel, Dich zur Besinnung zu bringen: Unfälle, Krankheiten et cetera.

Jeder Mensch hat seine ureigene Lebensaufgabe zu erfüllen und es gibt keine zwei Menschen, die exakt denselben Erkenntnisstand haben. Wenn Du zur Erfüllung Deiner Lebensaufgabe andere Menschen brauchst, was sehr wahrscheinlich ist, dann hast Du auch mit diesen in der vorgeburtlichen Phase Kontakt aufgenommen und alles vereinbart. **Diese Vereinbarung hilft aber nichts, wenn die auf der Erde handelnden Menschen nicht auf ihre Seelen hören – alle diese Pläne können scheitern – und ein weiteres Leben wird notwendig.**

Bis zum Siebenten Lebensjahr ist die Erinnerung an den Plan der eigenen Seele noch mehr oder minder stark im menschlichen Bewusstsein des Inkarnierten und beginnt dann sehr schnell zu verblassen. Eltern, achtet darauf, was Euch Eure Kinder erzählen! Tut nichts, was sie sagen, als unwichtig ab. So könnt Ihr Euren Kindern helfen, dass sie ihre Spezielle Lebensaufgabe erfüllen können. Ihr könnt ihnen in der materiellen Welt den Weg dazu bereiten."

... über den Beruf

„Beruf kommt von Berufung, das heißt, Du bist berufen für Deinen Beruf, das heißt wiederum, dass Du Besondere Talente und Fähigkeiten hast, die Du im Rahmen Deiner Berufung Deiner Umwelt zur Verfügung stellst. Und weil dieses Tun Deiner Berufung entspricht, bist Du in Deinem Tun perfekt – und das ohne jegliche Mühe und Anstrengung. Ganz einfach deshalb, weil Du an Deinem Tun Freude hast, davon begeistert und erfüllt bist. Du lebst Deine Berufung, Deinen Beruf, zu Deinem Wohl und zum Wohl aller, Wohl-Stand tritt ein.

Ein Mensch, der seine Wahre Berufung lebt, wird nie den Satz: „Ich muss arbeiten gehen“ aussprechen. Ein Mensch, der seine Berufung lebt, sagt:

„ICH WILL!“

„Müssen“ bedeutet niemals wirklich „wollen“; „müssen“ bedeutet Zwang von außen, „wollen“ bedeutet freie Entscheidung von innen. Überlege Dir, welche Variante DU lebst.

MUSST DU ODER WILLST DU?“

... über Deine Wahre Berufung

„Wenn Du weißt oder zumindest denkst, dass Du Deine Wahre Berufung gefunden hast, wirst Du darüber nachdenken, wie Du Deine Berufung leben kannst. Falls dadurch größere Veränderungen in Deinem Leben erforderlich werden, wird Dein Ego sofort seine Bedenken verkünden, Deine Ängste wecken.

Deine Wahre Berufung zu leben,
ist ein Teil Deiner Lebensaufgabe
oder überhaupt Deine Lebensaufgabe.

Daher solltest Du Deiner Berufung folgen. Lass Dich von Deinem Ego nicht beirren und verwirren.

Wenn Du Dich für das Leben Deiner
Wahren Berufung entscheidest,
folgst Du dem Ruf Deiner Seele, Meinem Ruf,
und trittst Dein Geistiges Erbe, die Fülle, an.
Dadurch er-folgt der Er-folg in jedem Bereich
Deines Lebens.

Wenn jemand seine Wahre Berufung lebt, dann hat er eine besondere Ausstrahlung, nämlich die Ausstrahlung eines Liebenden Bewusstseins. Du siehst es und Du spürst es. Nimm Dir diesen Menschen als Vorbild: Auch Du kannst diesen Zustand erreichen.

Nimm alle Deine Gaben und Talente, mache einen Beruf daraus und lebe Deine Berufung. Sag jetzt nicht, dass das „nicht geht", denn damit setzt Du Dir selbst Grenzen und verhinderst Deinen eigenen Erfolg. Meditiere, frage Deine Seele, sie kennt den Weg und zeigt ihn Dir! Mache Dir keine Sorgen um Deine Entlohnung – wenn Du Deine Wahre Berufung lebst, wirst Du fürstlich entlohnt werden!

Vielleicht kannst Du nicht jetzt sofort Deine Wahre Berufung leben, weil Dich irgendwelche Umstände daran hindern. Dann beginne in kleinen Schritten, räume Deiner Wahren Berufung konstant mehr Platz in Deinem Leben ein. Gib ihr Raum, um sich zu entfalten. Vielleicht hast Du dann auch kurzfristig zwei Berufe, Deinen zivilen Beruf und den Beruf, der Deiner Wahren Berufung entspricht. Auch das wirst Du schaffen, weil Du einfach am richtigen Weg bist. Wenn Du Dein Ziel konsequent verfolgst, wirst Du sehen, dass sich alle Probleme einfach „auflösen", alle Hindernisse verschwinden.

Wenn Du Deine Wahre Berufung, Dein Wahres Lebensziel, erkennst und Dir im Vergleich dazu Dein tatsächliches Leben ansiehst, wirst Du vielleicht fragen, wie Du Dein SELBST in Deinem jetzigen Alltag leben sollst. Es erscheint Dir vielleicht unmöglich, nicht vereinbar. Dies ist jedoch nur auf den ersten Blick der Fall.

Erstelle mit Deiner Seele – vom Ziel ausgehend zurück – einen Plan, der Dich in kleinen Schritten zu Deinem

Idealbild führt. Beginne damit, Deinem SELBST in Deinem Alltag einen Platz einzuräumen, beginne damit, Deinen Alltag **als SELBST** zu leben. Nimm Dir Zeit zu meditieren. Organisiere Deinen Alltag so um, dass Du für Deine Wahre Berufung mehr Zeit hast. Fülle Deine Freizeit ausschließlich mit Tätigkeiten, die der Förderung und Erreichung Deines Zieles dienen. Mit diesen kleinen Schritten setzt Du Energie in Bewegung, die Dir bei der Zielerreichung weiterhilft. Diese kleinen Schritte bewirken sehr viel in Deinem Alltag, denn sie ändern Deinen Alltag.

Wenn Du Deiner Seele zeigst, dass Du wahrhaft bemüht bist, Dein Ziel zu erreichen, dann wirst Du viele glückliche Umstände und „Zufälle“ in Dein Leben ziehen. Du wirst Menschen anziehen, die Dir weiterhelfen. Wenn Dir die Verwirklichung Deines Seelischen Lebenszieles noch so fern und noch so unmöglich erscheint, dann denke daran, dass Du der Schöpfer Deines Lebens bist. Indem Du daran glaubst, dass die Zielerreichung unmöglich ist, setzt Du Dir innerlich Grenzen, die Du im Außen nicht überschreiten kannst, das heißt, dass Du Dein Ziel im Außen nicht erreichen wirst.

**Beginne mit kleinen Schritten,
denn auch kleine Schritte sind der Weg zum Ziel.**

Folge also Deiner Wahren Berufung, mach Deine Wahre Berufung zum Inhalt Deines Lebens. Du hast viele Gaben und Talente und Vorlieben. Verbinde sie miteinander und

Du findest Deine Berufung. Akzeptiere nicht den Arbeitsplatz, den Du gerade eben hast, wenn er nicht im Einklang mit Deiner Wahren Berufung steht. Nur das, was Deiner Wahren Berufung entspricht, tust Du mit Liebe und machst es so gut wie es kein anderer kann. Weil Du in diese Tätigkeit Dein Herz legst, sie mit Deiner Seele ausübst und so jeden Tag über Dich hinauswächst! Dein Tun wird andere begeistern, mit Freude erfüllen und man wird Dich fürstlich entlohnen!“

... über das Geld

„Geld ist Energie, ist Materie, ist Schwingung.

Und es verhält sich wie jede andere Energie. Geld hat bei Euch Menschen einen hohen Stellenwert und wer keines hat, ist geächtet, ein Außenseiter. Ihr habt die Eigenart, Geld zu horten, zu sammeln, aufzubewahren und über Euer Geld sorgsamst zu wachen wie Ihr es zum Beispiel über Eure Kinder nicht tut. Und warum tut Ihr das? Weil Ihr Angst habt, das angesammelte Geld zu verlieren.

Diese Vorgangsweise verstößt in mehrfacher Weise gegen die Kosmischen Gesetze und ist daher kontraproduktiv. Wenn Du Angst hast, Dein Geld zu verlieren, dann wirst Du genau diesen Verlust erleben, weil Angst als stärkste Energie, die Du aussenden kannst, all das in Erscheinung treten lässt, was befürchtet wird. Du wirst also Dein Geld verlieren, weil Du selbst den Verlust veranlasst hast. Das Festhalten, Sammeln und Horten von Geld verstößt gegen das Kosmische Gesetz des Wachstums. Alles, was festgehalten wird, kann nicht wachsen, sich entfalten, kann sich nicht vermehren. Daher solltest Du Dein Geld „freilassen“, es „loslassen“. Wenn Du das tust, entwickelst Du in Bezug auf Dein Geld die optimale Schwingung. Das in Liebe losgelassene Geld wird um ein Vielfaches vermehrt mühelos zu Dir zurückkehren. Und dann sollst Du es wiederum loslassen. Immer in Liebe.

Reichtum und Wohlstand sind Teile Deines Geistigen Erbes, die darauf warten, von Dir in Besitz genommen zu werden. Reichtum und Wohlstand stehen Dir zu, Du hast ein angeborenes Recht darauf.

Solltest Du unter einem Mangel an Geld leiden, dann ist der Urgrund wieder in der mangelnden Eigenliebe zu suchen. Du selbst bist es Dir nicht wert, mehr Geld zu haben! Mit Deiner mangelnden Selbstliebe schneidest Du Dich vom Fluss des Geldes ab. Defizite in Bezug auf Deine Eigenliebe werden Dir auf viele Arten gespiegelt und darunter eben auch durch Geldmangel.

Denke darüber nach, welche Gedanken Du über Geld hegst, die Du mit Energie versorgst und die sich in der Folge in der Realität manifestieren müssen. Wenn Du denkst, dass Du Geld nur durch harte Arbeit verdienen kannst, dann ist es eben genau so. Du wirst Dich an Deinem Arbeitsplatz abrackern und zusätzlich das Gefühl haben, dass Du zu wenig Geld hast. Und obendrein noch das Gefühl, dass Du nicht gerecht entlohnt wirst und dass Du eben nichts oder nur wenig wert bist. Wenn Du denkst, dass es zu wenig Geld gibt, wirst Du immer zu wenig Geld haben. Und schon manifestiert sich diese Energie in Deiner Realität, Deine Eigenliebe wird noch geringer. Und das geht immer so weiter, bis Du endlich Deine Gedanken änderst.

Es gibt genug Geld auf der Welt – jeder von Euch kann im Wohlstand leben. Riesige Mengen Geld werden auf der Erde von wenigen Menschen gehortet, verwaltet und eifersüchtig bewacht.

Dies hat folgende Gründe:

1. Die, die das Geld verwalten, beziehen daraus ihr Selbstwertgefühl und ihre Macht. Ihr Menschen denkt, dass „Geld die Welt regiert" und dass, wer das Geld hat, die Macht hat. Wer das wirklich glaubt, ignoriert oder versteht die Kosmischen Gesetze einfach nicht. Diese Gedanken geben denen, die das Geld verwalten und verteilen, die Macht über die weniger Bemittelten, die dadurch zu unterdrückten Almosenempfängern werden und die – wie schön für die Mächtigen – dann leicht zu lenken sind.
2. Wer in Reichtum und Wohlstand lebt, stellt eine Gefahr für die „Mächtigen" dar, weil dieser Mensch in relativer Unabhängigkeit lebt und auch anderen dazu verhelfen kann. So könnten in der Folge die „Mächtigen" ihre Position verlieren. Ein Effekt, der – von deren Standpunkt aus betrachtet – niemals eintreten darf. Also bemüht man sich darum, dass dem Einzelnen nur wenige finanzielle Mittel zu Verfügung stehen.

Daher ist es wichtig für Euch, dass jeder von Euch die Schwingung und Energie des Geldes versteht. Gib den Gedanken, dass Du für Dein Geld arbeiten musst, auf, und lass statt dessen Dein Geld für Dich arbeiten.

Tritt Dein Geistiges Erbe an,
beanspruche Wohlstand und Reichtum für Dich."

… über die Armut

„Ich habe nie gesagt, dass Ihr in Armut leben sollt!

Dies widerspräche dem Kosmischen Gesetz der Fülle, das besagt, dass Du in der Fülle lebst. Armut und Fülle schließen einander aus.

Manche Religionsgemeinschaften bezeichnen die Armut als Tugend, der Verzicht auf Reichtum ist angeblich ein Mittel zur Sühne, des Büßens von angeblich vorhandenen Sünden, eine Art der Selbstgeißelung, eine Art, das Kreuz Christi auf Erden zu tragen.

Du hast den Freien Willen,
Du kannst Dich entscheiden,
Dein Geistiges Erbe,
die Fülle, anzutreten,
oder aber in Armut zu leben.

Dies ist allein Deine Entscheidung – niemand hat das Recht, Dir Vorschreibungen zu machen. Bedenke, dass Du, wenn Du Dich – in welchem Bereich Deines Lebens auch immer – „arm" fühlst, in diesem Bereich vom Mangelbewusstsein geprägt bist. Das Mangelbewusstsein hat viele Gesichter, versteckt sich hinter vielen Masken und Gedanken, Glaubenssätzen und Mustern, die Du nicht einmal bewusst kennst.

**Wenn Du den Weg ins Licht gehst,
wird sich Dein Mangelbewusstsein auflösen.**

Du fragst Dich jetzt vielleicht, woher Du diese hinderlichen Gedanken hast. Zum einen besteht die Möglichkeit, dass Du schon viele Leben in diesem Bewusstsein verbracht und es über Deine Seele in dieses Leben sozusagen importiert hast. Es kann also sein, dass die Überwindung des Mangelbewusstseins in diesem Leben zu Deiner Lebensaufgabe zählt. Wenn Du in irgendeinem Deiner vorangegangenen Leben Armut **geschworen** hast, wirkt dieser Schwur immer weiter – durch alle folgenden Leben. Das heißt, dieser Eid muss aufgelöst werden. Da dieser Schwur immer weiter wirkt, ist es auch wahrscheinlich, dass Du einen solchen Eid in mehreren Leben geleistet hast. Frag Deine Seele danach; sie soll Dich „zurückführen" in jene Tage und Du kannst den Eid „an Ort und Stelle" auflösen. Ein weiterer Grund für ein ausgeprägtes Mangelbewusstsein kann im Umgang Deiner Eltern mit Geld liegen. Wenn Du als Kind immer wieder gehört hast, dass es nicht genug Geld gibt, dass alles so teuer ist, dass man sich dieses und jenes nicht leisten kann oder Ähnliches, dann bist Du im Mangelbewusstsein erzogen worden und aufgewachsen. Durchsuche Deine Gedankenwelt nach solchen Mustern und löse sie auf.

Bitte beachte, dass sich das Mangelbewusstsein auf alle Bereiche Deines Lebens beziehen kann. Die Fülle umfasst Alles, was ist, daher umfasst auch das Mangelbewusstsein

Alles, was ist. Das heißt, Dein Mangelbewusstsein kann sich auf Geld genauso erstrecken wie auf Gesundheit, Liebe und Partnerschaft.

Das Mangelbewusstsein widerspricht nicht nur dem Kosmischen Gesetz der Fülle, sondern auch dem Höchsten Kosmischen Gesetz der Liebe. Daher beruht das Mangelbewusstsein auch immer auf einem Mangel an Selbstliebe, weil Du denkst oder das Gefühl hast, dass Du die Fülle nicht wert bist.

Alles, was ist, Liebe, Geld, Reichtum, Fülle ist Energie. Und diese Energie kannst Du nur anziehen, wenn Du Liebe ausstrahlst. Wahrhafte Liebe neutralisiert sofort Dein Mangelbewusstsein und zieht Fülle in Dein Leben. Die Gründe für den Mangel an Liebe und Selbstliebe, für das Fehlen einer beglückenden Partnerschaft oder Familie, liegen auch entweder im Früher oder im Jetzt. Hast Du einmal in einem Leben Keuschheit, Ehelosigkeit oder Ähnliches geschworen, dann „verfolgt" Dich dieser Schwur auch durch alle Leben, so lange, bis der Eid aufgehoben ist. Befrage Deine Seele nach einem solchen Umstand, wobei Du wahrscheinlich auch hier mehrere Schwüre finden wirst. Löse sie auf und Du bist frei! Die weiteren Gründe sind wahrscheinlich in Deinem jetzigen Leben zu finden. Schau Dir die Familie an, aus der Du kommst – was hast Du gelernt über Liebe und Partnerschaft? Wie sind Deine bisherigen Partnerschaften in diesem Leben verlaufen?

Mangelbewusstsein jeder Art hat seine Grundlage auch in Deiner permanenten Verbindung zur Vergangenheit. Du sollst im Jetzt leben! Jeder Moment ist vollkommen! Lass die Vergangenheit los! Alle Schlüsse, die Du in einer Situation ziehst, jede Beurteilung einer Situation oder eines Menschen beruht auf Deinen Erfahrungen in der Vergangenheit. Bemühe Dich um Objektivität, denke daran, dass jede Situation, jeder Mensch, einzigartig ist und daher nicht auf der Basis der Vergangenheit beurteilt werden kann! Jede Situation ist gut für Deinen Fortschritt, Deine Entwicklung. Du lernst daran und dadurch. Du wächst. Damit ändert sich auch Deine Sichtweise und nun frag Dich, warum Du Dich immer wieder an der Vergangenheit orientierst?!

**Wenn Du den Weg ins Licht gehst,
gehst Du den Weg in die Fülle,
denn das Licht ist die Fülle, das Paradies.**

Hängst Du gedanklich immer in der Vergangenheit fest, behinderst Du Dich selbst auf Deinem Weg. Dein Ego liebt die Vergangenheit, denn dort fühlt es sich sicher, zu Hause und geborgen. Der Weg ins Licht ist Neuland, ein unbekanntes Land – Dein Ego reagiert, indem es Dir Angst einjagt und mit der Angst ist das Mangelbewusstsein wieder da. Die Angst nährt es, Dein Ego suggeriert Dir die Sicherheit in der Vergangenheit. Hast Du manchmal (also immer) Angst vor der Zukunft? Das ist Dein Ego, Dein Mangelbewusstsein! Angst vor der Zukunft bedeutet ein Verharren in der Vergangenheit, ein Festhalten von Umständen und Zuständen, die Deinen Plänen zuwiderlaufen. Dass Du an die Zukunft denkst, zeigt Dir Deinen Wunsch nach Veränderung. Der Wunsch nach Veränderung ist immer gut. Deine widersprüchlichen Überlegungen, Deine Ängste betreffend Deine Zukunft, stammen nur von Deinem Ego. Wie weit der Einfluss Deines Egos reicht, kannst Du daran ermessen, ob Du manchmal eine Veränderung ablehnst, weil Du Dich in der Vergangenheit sicherer fühlst.

Aber denke daran: Dein Ego gaukelt Dir eine Illusion vor:

Die Wahrheit liegt im Licht!“

... über das Mangelbewusstsein und die Beseitigung desselben

„Immer wenn Du denkst, dass Du etwas haben willst, Dir etwas wünschst, Dir etwas fehlt, dann lebst Du im Bewusstsein des Mangels.

Wenn Du das, was Du haben willst, für Dich exakt definierst, dann richte Dein Bewusstsein vom Mangel auf die Fülle, und denke Dir, dass Du das, was Du willst, bereits erhalten hast. Wenn Du weiterhin im Mangelbewusstsein verharrst, verhinderst Du selbst die Erfüllung Deines Wunsches, weil Du immer nur daran denkst, was Du haben willst und nicht hast.

Wenn Du Zweifel hast oder Ängste, die die Erfüllung Deines Wunsches in Frage stellen, dann verstärkst Du Dein Mangelbewusstsein. Viele Menschen blockieren die Erfüllung Ihrer Wünsche selbst, indem sie sich der Erfüllung nicht wert fühlen. Dieses Unwertgefühl ist oft ganz tief im Unterbewusstsein verankert und tritt nicht offen zu Tage. Die meisten Menschen leiden unter diesem Unwertgefühl und wissen das gar nicht. Dieses Unwertgefühl beseitigst Du durch Absolute Liebe zu Dir selbst.

**Durch die Selbstliebe beseitigst Du auch das Mangelbewusstsein,
die Ursache alles Fehlenden in Deinem Leben.“**

... über das Vertrauen

„VERTRAUE!

Vertrauen ist ein Ausdruck von Liebe und zeigt die Abwesenheit der Angst. Kinder werden mit dem Urvertrauen ausgestattet geboren, wobei dieses jedoch mit der menschlichen Entwicklung, der Entwicklung des Egos, verloren geht. Deine Aufgabe ist es, Vertrauen zu entwickeln.

Vertraue dem Leben, Deiner Seele! Vertrauen heißt einverstanden sein mit dem, was das Leben für Dich vorgesehen hat. Sei einverstanden mit allem, was geschieht, denn es dient Deinem Höchsten Wohl. Vertrauen heißt, harmonisch vom Fluss des Lebens getragen zu werden, dorthin, wo Dein Wahrer Platz ist. Der Platz, den die Schöpfung für Dich vorgesehen hat!“

... über das Verzeihen

„VERZEIHE!

Du kannst nur dann in Ruhe und Gelassenheit im Hier und Jetzt leben, wenn Du mit Liebe und von Ganzem Herzen verzeihen kannst.

Verzeihe allen Menschen,
was auch immer sie Dir angetan haben.

Negative Muster und Blockaden entstehen aus Situationen und Erlebnissen, in denen „Unrecht“ (welcher Art auch immer) geschehen ist. Die Innerlichen Folgen dieses „Unrechts“ lassen sich durch Verzeihen einfach auflösen und Du bist befreit! Negative Muster und Blockaden hemmen Dich in Deiner Entwicklung und verhindern ein glückliches und erfülltes Leben! Verzeihen wirkt SOFORT und erschafft in einem Augenblick eine Freiheit, die durch langjährige Psychotherapie nicht erreicht werden kann.

Negative Muster und Blockaden können auch noch aus früheren Leben mitgebracht sein, um sie endlich aufzulösen. Lass in der Meditation Deine Seele durch diese früheren Leben gleiten, betrachte sie in Liebe und VERZEIHE. Es kann sein, dass der Mensch, der Dir in einem früheren Leben „Unrecht“ getan hat, jetzt wieder mit Dir lebt, nämlich um genau diese Situation aufzulösen, sie zu bereinigen.

Wenn Du verzeihst, befreist Du nicht nur Dich, sondern auch diesen anderen Menschen. Auch dann, wenn er gerade nicht mit Dir lebt.

Zum Verzeihen gibt es viele Gründe:

1. Liebe: Ohne Verzeihen gibt es keine Liebe.
2. Unrecht: Es gibt kein Unrecht! Du hast Dir diese Situation selbst erschaffen, um daran zu wachsen. Das, was Dir widerfahren ist, ist ein Wegweiser am Weg zum Wahren Selbst. Sei dankbar dafür!
3. Gehe davon aus, dass jeder Mensch in jeder Situation das tut, was er für das Beste hält. Es kann sein, dass Du jetzt meinst, aus dem, was der andere für das Beste hält, „negative" Folgen tragen zu müssen.
   Aber: siehe Punkt 2.! Es gibt kein Unrecht!
4. Du erlangst Deine Freiheit von Blockaden und negativen Mustern und bist frei für ein Neues Leben!

Verzeihen führt bei allen Beteiligten der zu verzeihenden Handlung zu einer Änderung des Bewusstseins und infolgedessen zur Änderung des weiteren Verhaltens. Verzeihen wirkt auf einer anderen Seinsebene als der menschlichen; also in einer anderen Dimension. Daher reicht es, wenn **Du innerlich verzeihst**, ohne Worte und Gesten nach außen. Auf einer Höheren Ebene registriert das Bewusstsein des anderen, dass Du verziehen hast – zum Wohle aller Beteiligten."

... über die Prüfungen des Lebens

„Das Leben dient Deiner Entwicklung, dem Fortschritt auf dem Weg zum WAHREN SELBST.

Dieser Fortschritt vollzieht sich in Stufen oder Abschnitten, wobei sich jeweils Deine Schwingungsfrequenz ändert. Je höher Deine Schwingung ist, desto weiter dringst Du über Dein Energiefeld in andere Dimensionen ein. Ein Entwicklungsstadium, dessen Gestaltung individuell ist, denn alle Menschen haben zwar das gleiche Ziel, aber jeder hat seinen eigenen Weg dorthin, muss abgeschlossen sein, um die nächste Stufe zu erreichen. Der Umgang mit Deinen „Problemen" zeigt Deinen Entwicklungsstand, denn sie sind die Prüfungen Deines Lebens für Dich.

Du bekommst so viele Chancen, wie Du brauchst, denn das Höchste Kosmische Gesetz heißt Liebe und mit Liebe sollst Du Dich entwickeln. **Keine dieser Prüfungen wird für Dich zu schwer sein, denn Du bekommst immer nur ein Problem, das Du – mit Deinem Wissen und mit Deinem Entwicklungsstand – lösen kannst.**

Höre auf Deine Seele und vertraue darauf, dass sie den Weg kennt!"

... über den Lehrplan

„Der Weg zur Erleuchtung ist ein Lernprozess mit einem – wie in der Schule – festgelegten „Lehrplan“, was bedeutet, dass jede Seele grundsätzliche Erfahrungen zu machen hat. Der „Lehrplan“ legt diese Grundsatz- oder Basiserfahrungen fest. Der Großteil der gemachten Erfahrungen entsteht aber auf Grund des Freien Willens des Einzelnen; das ist der individuelle, von der einzelnen Seele für den ihr zugehörigen Menschen maßgeschneiderte „Lehrplan“.

Man kann also sagen, dass es zwei Gruppen von Erfahrungen gibt: Die, die alle Seelen erleben müssen und die, die individuell von Seelen erschaffen werden. Individuelle Erfahrungen sind absolut einmalig, das heißt, keine Seele wird sie auf die gleiche Art und Weise erleben, auch wenn sich die zugrunde liegenden Situationen gleichen.“

... über Veränderungen in Deinem Leben am Weg ins Licht

„Wenn Du am Weg der Bewusstwerdung bist und stetig fortschreitest, wirst Du bemerken, dass sich vieles in Deinem Leben verändert. Fürchte Dich nicht davor, denn diese Veränderungen beginnen ganz klein und Du wirst sie in Deinem Leben begrüßen, weil Du erkennst, dass sie gut für Dich sind. Du wirst diese Veränderungen vielleicht sogar eine Weile gar nicht bemerken, richtig wahrnehmen, weil Du Dich langsam, so nach und nach, umstellst. Es kann sein, dass Du plötzlich feststellst, dass Du mehr Obst und Gemüse als Fleisch isst, dass Du Sport oder mehr Sport betreibst, dass Du weniger oder gar keinen Alkohol mehr trinkst, zu rauchen aufhörst.

Vielleicht wird die eine oder andere Freundschaft auseinander gehen, weil Ihr Euch auseinander entwickelt. Sei Dir sicher, dass Du viele neue Freunde gewinnen wirst, denn viele sind auf dem Weg! Vielleicht melden sich auch alte Freunde wieder, einfach deshalb, weil Eure Frequenzen wieder zusammenpassen.

Sei gespannt, sei neugierig auf Dein Neues Leben!
Es erwartet Dich!
ICH ERWARTE DICH!

Der Weg ins Licht bedeutet also eine Änderung Deines Lebens und Deiner Lebensumstände. Und das ist der Punkt, an dem das Ego wieder beginnt, Angst und Schrecken zu verbreiten. Du spürst die Angst vor der Zukunft, vor dem, was kommen kann, fühlst Dich nicht mehr sicher. Dein Ego will Dich auf der Erde halten, in der Finsternis und Illusion, die Dir bekannt ist, in einem Land, wo Du zu Hause bist, Dich auskennst.

Schüttle diese Ängste ab!

Denn: Dein Leben wird sich zum Guten wenden; Du wirst Dir nicht mehr vorstellen können, einmal anders gelebt zu haben. Der Gedanke an Dein „altes" Leben wird Dich erschaudern lassen. Du wirst Dein früheres Leben nicht mehr leben wollen. Wer sich bewusst entscheidet, den Weg ins Licht zu gehen, kehrt nicht mehr um.

Denn:

Eine Umkehr bedeutet den Weg zurück in die Dunkelheit."

„Du kommst aus dem Licht.
Das Leben ist Dein Mittel, ins Licht zurückzugehen.
Wenn Du wieder im Licht bist, schließt sich der
Kreis der Unendlichkeit.

Der Anfang ist das Ziel.
Das Ziel ist der Anfang.
Das ist der Ewige Kreislauf.
ICH BIN DAS LICHT.

Du fragst Dich vielleicht, was Dich erwartet, wenn
DU IM LICHT BIST.

ICH ERWARTE DICH.

ICH BIN DIE LIEBE.
ICH BIN DER FRIEDE.
ICH BIN EWIGES SEIN.

DU BIST DIE LIEBE.
DU BIST DER FRIEDE.
DU BIST EWIGES SEIN.

DU BIST DAS LICHT!"

... über Fortschritt und Wachstum

„Der Mensch hat Angst vor der Stille und der Ruhe, vor den Einsichten, die dann kommen und sein Leben verändern könnten. Auf diese Weise verweigert sich der Mensch selbst Fortschritt und Wachstum. Der Mensch stagniert in seiner Entwicklung – und das ist das, was die Göttliche Ordnung nicht vorsieht.

Das Universum ist immer in Bewegung, das Prinzip ist Wachstum, Fortschritt und Entwicklung. Wachstum, Fortschritt und Entwicklung ist dementsprechend das Ziel des Menschen und so wird der Mensch gezwungen, dem dynamischen Prinzip zu folgen. Anfangs kommen sanfte Hinweise. Werden diese ignoriert, dann folgen größere Probleme, der Leidensdruck wird größer, bis er unerträglich wird – das ist der Punkt, an dem die meisten Menschen in sich gehen. Die Hinweise des Lebens zur dringenden Veränderung äußern sich in dem, was der Mensch „Schicksalsschlag“ oder „Problem“ nennt.

Merke Dir, Mensch, es ist nie zu spät zur Einkehr und Umkehr.

Menschen am Sterbebett machen die Göttliche Erfahrung. Doch bei manchen ist es zu spät zum Weiterleben, der Körper ist zu schwach dafür. Aber diese Erfahrung wird in das Neue Leben mitgenommen; sie geht nicht verloren. Es ist daher nie zu spät zur Einkehr und Umkehr.

**Merke Dir weiter, Mensch, Du bist nie alleine;
Du bist umgeben von Göttlichem Bewusstsein.
Gott, Ich, bin immer bei Dir, habe Meine
schützenden Hände über Dir,
unter Dir und um Dich herum.“**

... über die Einsamkeit und das All-Eins-Sein

„Auch das Alleinsein, das, was der Mensch Einsamkeit nennt und mit dem All-Eins-Sein verwechselt, ist ein Partner.

Die Seele wählt diesen Partner, um leichter zum Menschen durchzudringen. Und weil der Mensch erkennen muss, dass er nur fähig ist, zu seinem eigenen Wohl und damit zum Wohle der anderen, mit anderen in einer Gemeinschaft zu leben, wenn er alleine sein kann.

Allerdings flüchtet und fürchtet der Mensch die Einsamkeit; nur wenige suchen sie. Doch: Die Sprache der Seele ist die Stille. Und je mehr der Mensch vor der Stille flüchtet, desto drückender empfindet er das Alleinsein, wenn Stille einkehrt. Die Seele will den Menschen zur Ruhe, zur Einkehr bewegen, aber der Mensch will nicht hören und versteht nicht. Der Mensch kämpft mit allen Mitteln gegen die Einsamkeit, statt sie als Partner in Liebe anzunehmen und so zu wachsen und dann als reifer Mensch in die Gemeinschaft zurückzukehren.

Wenn Du Dich einsam fühlst, dann unterliegst Du
der Illusion der Trennung von Mir.
Ich bin immer bei Dir,
nur nimmst Du das nicht wahr.

Es gibt wesentliche Unterschiede zwischen Einsamkeit und Alleinsein. Alleinsein bedeutet in Spiritueller Hinsicht All-Eins-Sein, das heißt, das Einssein mit dem All, dem Kosmos, dem Universum.

All-Eins-Sein ist der Zustand,
den Deine Seele anstrebt,
denn das ist der Zustand des Im-Licht-Seins.

Die Begriffe Alleinsein und Einsamkeit werden von den Menschen aber in gleicher Weise gebraucht, nämlich um einen für die meisten Menschen negativen Zustand zu beschreiben. Einsamkeit bedeutet für Euch ohne Partner oder ohne Familie, ohne Unterstützung, verlassen, ohne Liebe, zu sein.

Wenn das All-Eins-Sein beherrscht wird, gibt es keine Einsamkeit mehr, denn Eins-Sein bedeutet das Vorhandensein einer Verbindung zu ALLEM, WAS IST. Wenn Du Dich einsam fühlst, dann übe Dich im All-Eins-Sein.

Das, was Du Deine Einsamkeit nennst, kann
der Dir von Deiner Seele zugeteilte „Partner" sein,
weil Du lernen sollst, all-eins-zu-sein."

... über den Wert einer intakten Familie

„Menschen, die in einer intakten Familie leben oder Menschen, die viele soziale Kontakte und Freunde haben, sind liebesfähiger und gesünder. Es herrscht ein konstanter Fluss der Liebe, ein beständiges Geben und Nehmen. Die Liebe, die Du gibst, kehrt um ein Tausendfaches vermehrt zu Dir zurück.

Auf rein menschlicher Ebene muss das Annehmen und Geben von Liebe gelernt werden. Ein Kind wird geboren, ausgestattet mit dem, was Ihr „Urvertrauen“ nennt. Das Urvertrauen ist der „normale“ Zustand der Seele, die nur um ihre Göttlichkeit, die Wahrhafte Liebe und um ihre Immerwährende Verbindung zu Mir weiß. Dieses Wissen wird am Anfang des Lebens auf die menschliche Ebene mitgebracht. Über kurz oder lang verschwindet dieses Urvertrauen auf der menschlichen Ebene, wird zerstört durch Erlebnisse, Ereignisse, Lebensumstände oder Erfahrungen. Das Sammeln von Erfahrungen ist in diesem Fall mit dem Begriff „lernen“ gleichzusetzen. Der Glaube an die bedingungslose Liebe geht verloren. Dass es Liebe gibt, muss wiederum gelernt, erfahren werden und es wird wieder ein Ereignis kommen, das den Glauben an die Liebe zerstört.

Liebe wird zu einem Lebensumstand, auf den der Mensch hofft, etwas, das er sich wünscht, spüren, leben, erfahren zu können.
Liebe ist oft nur ein Wunschtraum.

Daher ist es so wichtig, dass ein Kind in einer intakten Familie aufwächst, von Liebe umgeben, bedingungsloser Liebe.

Die Familie ist die kleinste „Friedens- und Liebeszelle". Und deshalb ist die Familie für viele politische Strömungen der größte Feind, der zerstört, zersetzt werden muss. Die Familie sollte Liebe, Geborgenheit, Sicherheit und Fürsorge bieten. Aus solchen Familien kommen starke, liebende, kraftvolle Menschen. Aber solche Menschen sind auf Eurem Planeten weder von Regierungen noch von der Politik erwünscht. Denn diese Menschen habe eine eigene Meinung, gehen ihren Weg und lassen sich nicht in die Schablone der Masse zwängen und „klein" machen. Sie sind daher eine Gefahr, eine Bedrohung für das Establishment. Individualität ist auf der Erde nicht mehr gefragt. Daher ist es so wichtig, die Familien zu schützen und zu fördern. Dieser Entwicklung der Entindividualisierung muss unbedingt entgegengewirkt werden. Schließe Dich mit Deiner Familie, Deinen Freunden eng zusammen.

Lebt die Prinzipien der Liebe, der Fürsorge und des Vertrauens!"

… über das Leid allein erziehender Mütter

„Nicht nur kinderreiche Familien werden in der Welt schlecht behandelt, sondern auch allein erziehende Mütter (oder Väter). In vielen Teilen der Welt gilt es immer noch als Schande, als Frau, ohne Eheschließung oder zumindest einer fixen Lebensgemeinschaft mit einem Mann, ein Kind in die Welt zu setzen. Die Folge dieser „Schande“ ist oft die soziale Ächtung, der Ausschluss aus der Familie, aus der Gesellschaft, der Gemeinschaft.

In Wahrheit lebt diese Frau ihre Lebensaufgabe (auch wenn sie das vielleicht gar nicht weiß – denn das Wissen darum ist nicht erforderlich; Hauptsache, es erfolgt!), **vielleicht sogar ihre Wahre Berufung.** Bedenkt dies und unterstützt diese Frauen! Gebt ihnen einen angemessenen Lebensraum und ausreichend finanzielle Unterstützung, sodass sie UND auch Ihr Eurer Aufgabe gerecht werdet!“

... über Hausfrauen, Mütter und kinderreiche Familien

„Achtet die Hausfrauen und Mütter, die Euch ein Zuhause geben!

Sie erfüllen eine ganz wichtige Aufgabe auf Eurem Planeten. Eine ihr Kind liebende Mutter ist ein Ausdruck der Vollkommenheit und Schönheit, ein Symbol für die Universelle Liebe. Eine Frau, die ihr Leben der Aufgabe widmet, ein Heim für ihre Familie zu schaffen, für die Familie da zu sein und sie zu versorgen, ist ein Licht für ihre Familie, eine Botin der Liebe.

Jeder Mensch braucht Geborgenheit, Liebe, einen Ruhepol, ein Zuhause, wohin er gehört, einen Rückzugsort, wo er in Ruhe sein Bewusstsein entfalten kann. Diese Aufgabe fällt nach Eurer Ordnung der Gesellschaft zumeist den Frauen zu. Eine Frau, deren Wahre Berufung die Erfüllung dieser Aufgaben ist, wird ihrer Familie ein wunderschönes Heim geben. Dafür steht ihr aber auch eine gerechte Entlohnung zu, denn sie schafft die optimale Entwicklungsbasis für die ganze Familie.

Kinderreiche Familien werden auf der Welt zu wenig unterstützt beziehungsweise ist es ein finanzielles Problem, viele Kinder zu haben. Ihr steht auf dem Standpunkt, dass man sich Kinder leisten können muss, was so viel heißt, dass der Lebensstandard der Eltern durch den finanziellen Mehraufwand für Kinder nicht beeinträchtigt werden darf. Dieser Standpunkt ist dann richtig, wenn er Deinem Freien Willen entspricht.

Viele Eltern können sich aber mehrere Kinder aber gar nicht leisten, auch wenn sie das wollten! Und genau das ist der Fehler in Eurer Gesellschaftlichen Ordnung. Ihr alle braucht Kinder; auch für Eure persönliche Entwicklung! Wenn nun eine Familie viele Kinder hat, lasst sie nicht in Armut leben! Unterstützt sie! Gebt ihnen die Hilfe, die sie brauchen! Wenn ein Mann und eine Frau es als ihre Wahre Berufung sehen, vielen Kindern das Leben zu schenken, so wollen sie ihre Lebensaufgabe erfüllen und ihren Platz in der Göttlichen Ordnung einnehmen. Jeder Mensch hat eine Lebensaufgabe, die er erfüllen sollte, und er nimmt so seinen für ihn und alle anderen Menschen richtigen und wichtigen Platz ein. Das ist für das Funktionieren der Welt wichtig, für die Erhaltung des Gleichgewichts. Daher ist es wichtig, Menschen beim Leben ihrer Wahren Berufung zu unterstützen. Kinderreiche Familien sind in der westlichen Welt fast geächtet, viele leben in Armut oder an der Armutsgrenze.

Warum lasst Ihr das zu?“

... über die Kindererziehung

„Ihr braucht Eure Kinder nicht zu „erziehen". Das, was Ihr „Erziehung" nennt, ist das Unterdrucksetzen Eurer Kinder, die Unterdrückung ihrer Persönlichkeit und ihrer Fähigkeiten. Ihr macht sie dadurch zu Konformisten, beraubt sie ihrer ganz besonderen Individualität. Es ist in Ordnung, Kindern die Regeln des menschlichen Zusammenlebens zu lehren, aber dazu braucht Ihr nicht die „Erziehung".

Kinder lernen durch Nachahmung –
sie werden genau das tun,
was Ihr ihnen vorlebt.
Und nichts anderes.

Die Ausnahmen stellen aus früheren Leben mitgebrachte Verhaltensweisen dar. Hier muss die Ursache gefunden und aufgelöst werden, sollte es sich um negative Verhaltensweisen handeln. Jedes andere Verhalten wird einfach nachgeahmt.

Verhaltensweisen der Kinder wie auch die aller anderen Menschen werden auch durch das Energiefeld des Gegenübers gesteuert. Auch das ist ein wichtiger Umstand, der bei der Begleitung der Kinder zu Erwachsenen nicht vergessen werden darf. Jeder von Euch weiß, dass gute Laune ansteckend ist! Und so ist auch jede andere Stimmung ansteckend. Bei Beherrschung des Energiefeldes können

Schwingungen noch verstärkt, ja potenziert werden. Dahinter steht aber auch eine große Verantwortung! Kindererziehung kann durch Energiefeldkommunikation einfacher und optimaler gestaltet werden. Die Kommunikation erfolgt dann von Seele zu Seele. Das Kind wird reagieren, auch wenn es von der Energiefeldkommunikation noch nichts weiß."

… über die Seele des Kindes

„Im Umgang mit Euren Kindern denkt daran, dass sie zwar einen „neuen“ Körper haben, aber eine „alte“ Seele! Euer Kind ist ein Wesen, das sich ganz bewusst Euch als Vater und Mutter ausgesucht hat! Also fragt Euch: „Warum?“ Werdet Eurer Aufgabe gerecht, indem Ihr auf das Kind eingeht. Öffnet Euch für die Seele Eures Kindes. Dieses Seelengespräch kann Euch allen zur Erfüllung Eurer Lebensaufgabe verhelfen. Auch Vater und Mutter haben geplant, diese Seele als Kind zu bekommen! Vater und Mutter und Kind: Ihr habt Euch entschlossen, auf der Erde eine Familie zu sein; als ein für Euch perfektes System der Entwicklung und des Fortschrittes.“

... über Bezugspersonen von Kindern

„Jedes Kind braucht Fixpunkte in seinem Leben, also Menschen, die konstant im Leben des Kindes vorhanden sind. Ob diese Menschen die Eltern, Großeltern oder wer auch immer sind, ist von untergeordneter Bedeutung. Wichtig ist, dass eine Bezugsperson immer da ist, dass sich das Kind bei diesem Menschen geborgen, geschützt, aufgehoben und geliebt fühlt. Menschen, die Kinder begleiten, sollten reif sein, ausgeglichen, weise, voll von auf Grund von Erfahrungen geschöpften Erkenntnissen.

Kinder sollten nicht von Kindern aufgezogen werden!

Großeltern sind aufgrund des fortgeschrittenen Alters und der Erfahrungen die besten Eltern. Um ein Kind optimal auf das Leben vorzubereiten, bedarf es bei den Begleitpersonen einer Spirituellen Entwicklung, die aber auf Eurem Planeten – wenn überhaupt – eine Frage des Alters ist. Auf der Erde gibt es zu wenige junge Menschen, die am Weg ins Licht sind. Die älteren Menschen, die diesen Weg gehen, können eben auf Grund des fortgeschrittenen Alters Kindern nicht mehr das Leben schenken. Daher wäre die beste Lösung, dass die jungen Menschen Kinder bekommen, die dann von den Großeltern in Liebe und Weisheit auf das Leben vorbereitet werden.

Nur: Auch dieses Modell funktioniert auf Eurem Planeten in den wenigsten Fällen! Durch unnötigen Stress und mangelnde Bewusstwerdung altert ihr Menschen zu schnell beziehungsweise beendet Euer Leben zu früh, weil der Körper einfach nicht mehr kann. Wenn die Seele auch noch so sehr das Lebensziel erreichen will und der Körper „kaputt" ist, dann geht es eben einfach nicht mehr. Und dies geschieht leider sehr oft. Das ist sowohl ein Nachteil für Eure Kinder als auch für Euch selbst. In diesem Punkt ist dringend eine Änderung, eine Bewusstwerdung, erforderlich. Die Schnelligkeit, die Ihr Euch geschaffen habt, hat eine Eigendynamik erhalten, die Ihr nicht mehr kontrollieren könnt und so werdet Ihr von Eurer eigenen Schöpfung überrollt, seid ihr hilflos ausgeliefert.

Jeder von Euch kann für sich selbst mit Hilfe der Meditation, durch Bewusstwerdung, beginnen, die ihn betreffende „Lawine" zu stoppen . So änderst Du Dein Einzelbewusstsein und so könnt Ihr beginnen, das Kollektive Bewusstsein zu beeinflussen. Auf diese Weise kann der Einzelne beginnen, seine Lebensumstände zu ändern und am Ende so gestalten, wie es seinem Lebensziel entspricht. Wenn sich das Kollektive Bewusstsein in diese Richtung entwickelt, dann helft Ihr auch anderen, den Weg ins Licht, zur Bewusstwerdung, zu gehen.

Eure Kinder werden Euch danken,
denn nur auf diese Weise könnt Ihr Euer Überleben
und das Eurer Kinder sichern!"

… über Hektik und Stress

„Lass Dich nicht hetzen! Vermeide Stress und Hektik! Dein Inneres Licht reagiert sehr empfindlich auf diese Umstände und zieht sich wieder in Deinen Körper zurück. Du „fällst“ wieder aus dem Bewusstsein, wirst wieder „rein menschlich“.

Sei immer in Ruhe und Gelassenheit und
im Bewusstsein, dass das Licht
über Deinen Körper hinausleuchtet.
Das ist das Ziel, das führt Dich zum
Wahren Bewusstsein.

Wenn Du immer im Bewusstsein lebst, treten Symptome wie Hektik und Stress nicht mehr auf, Du meisterst jede Situation Deines Lebens mit Ruhe und Gelassenheit. Mit zunehmendem Bewusstsein wird es für Dich immer leichter, wieder zu Bewusstsein zu kommen, das heißt, die Zeitspanne, die Du brauchst, um das Innere Licht zu finden und über Deinen Körper hinauswachsen zu lassen, wird immer kürzer, bis es in einem Augenblick funktioniert.

Überprüfe mehrmals am Tag, ob Du Dich im Licht befindest. Anfangs fällst Du sehr schnell aus dem Licht, ohne das überhaupt zu bemerken. Noch dazu, wo Du das herrliche Gefühl, im Licht zu leben, noch nicht kennst, und es Dir daher auch nicht fehlt, weil Du einfach wieder in dem Zustand bist, der Dir Zeit Deines jetzigen Lebens – und wahrscheinlich aller vorhergehenden Leben – vertraut ist. Durch die Überprüfung Deines Zustandes kannst Du Dich wieder ins Licht begeben und es wird immer länger dauern bis Du wieder aus dem Licht fällst.

Eines Tages bist Du immer im Licht.
Du bist zu Bewusstsein gekommen!"

... über die Ruhelosigkeit des Menschen

„Ihr altert zu schnell. Ihr setzt Euch dem Stress aus, rast um die Welt, lauft hinter Dingen her, die Euch am Ende nicht dorthin bringen, wohin Ihr sollt und eigentlich – wie Ihr tief in Euch selbst wisst – gar nicht wollt.

Ihr lebt in einem selbst gemachten System, das immer größeren Druck auf Euch ausübt. Immer schneller, immer höher, immer weiter. Rastlos. Ruhelos. Das macht Euch krank und alt. Ihr lauft am Kern Eures Lebens vorbei und habt nicht einmal die Zeit, das zu bemerken. Ihr brecht unter der Last Eurer Arbeit und Verantwortung zusammen, bewältigt das Pensum nicht mehr. Könnt nicht mehr, aber es muss immer weitergehen. Muss. Muss. Muss. Die Ruhepausen des Einzelnen sind zu kurz. Die Folge sind Disharmonien auf Grund eines Lebens außerhalb des persönlichen Rhythmus. Ihr seid alle Getriebene, Gehetzte Eures Eigenen Systems. Gnadenlos wird über jene geurteilt, die zusammenbrechen oder aus dem System ausbrechen. Menschen, die „Fehler" machen, werden gerichtet.

WO LEBT IHR EIGENTLICH?
WAS SOLL DAS?
HÖRT AUF DAMIT!"

... über die Freizeit

„Der menschliche Begriff „Freizeit" ist schon für sich interessant. Freizeit ist für Euch die Zeit, in der Ihr nicht arbeitet. Freizeit ist offenbar für Euch die Zeit der Freiheit. Daraus schließe Ich, dass die Arbeitszeit, der offenkundige Gegenpol zur Freizeit in Eurem Denken, die Zeit der Unfreiheit ist.

Freizeit – Zeit der Freiheit.
Arbeitszeit – Zeit der Unfreiheit.

Ich habe Dir die Freiheit in jedem Bereich Deines Lebens gegeben! Warum schränkst Du Dich selbst so ein? Die meisten von Euch sagen: „Ich **MUSS** arbeiten gehen." Alleine diese Aussage lässt tief blicken. Es sollte heißen: „Ich **WILL** arbeiten gehen" oder „Ich **FREUE** mich auf meine Arbeit".

Das Wort „müssen" bedeutet Zwang.
Zwang bedeutet Unfreiheit.
Unfreiheit setzt Grenzen.
Grenzen bedeuten Stagnation der Entwicklung.
Stagnation führt zu Disharmonie.
Disharmonie führt zu Krankheit.
Krankheit führt zum Tod des Körpers.

WILLST DU DIESEN TRAURIGEN WEG GEHEN?"

... über das Nützen des Technischen Fortschritts

„Nützt den technischen Fortschritt FÜR Euch und nicht GEGEN Euch. Alle technischen Errungenschaften haben den Sinn, Euch den Alltag zu erleichtern und nicht Euren Stress zu erhöhen.

Ihr benützt ein Auto nicht nur aus Bequemlichkeit und um Eure Mobilität zu erhöhen, sondern um immer schneller zu sein.

Mobilität ist eine Form der Freiheit,
die Ihr aber so nützt,
dass Ihr Euch die Freiheit wieder nehmt!

Ihr habt Handys, Faxgeräte und Computer, um jederzeit kommunizieren zu können – wieder ein Mittel zur Freiheit. Ihr aber seid die Sklaven Eurer Handys, Faxgeräte und Computer!

Daran könnt Ihr sehen,
dass Ihr mit Eurer Freiheit nicht umgehen könnt!

Nützt Eure Autos, Kühlschränke, Flugzeuge, Computer und was auch immer, um den Freiraum für Eure Fortentwicklung, Euer Wachstum, den Weg ins Licht, zu schaffen. All diese Dinge wurden Euch für diese Zwecke gegeben!“

... über die „Nahrung“ des Geistes

„So wie Du Deinen Körper nährst,
nähre auch Deine Seele und Deinen Geist!

Ein wichtiger Schritt auf dem Weg zur Erleuchtung ist auch die „Ernährung“ Deines Gehirns. „Füttere“ Dein Gehirn mit Wissen, das Dich interessiert, beschäftige Dein Gehirn. Der Durchschnittsmensch verwendet nur 10 % seiner Gehirnkapazität, die restlichen 90 % liegen brach.

Es gibt aber auch – zu wenige – Menschen, die mehr als 10 % ihrer Gehirnkapazität nutzen. Mit dem Grad der Erweiterung Deines Bewusstseins nimmst Du auch einen höheren Prozentsatz Deines Gehirns in Besitz, in „Betrieb“.

Schau bewusst um Dich herum – die meisten Menschen tun alles, nur nichts oder fast nichts für ihr Gehirn. Der Körper wird trainiert – das Gehirn nicht. Die meisten Menschen benehmen sich so als hätten sie kein Gehirn, für das sie sorgen müssten.

Das Gehirn steuert die Funktionen Deines Körpers, ist der zuverlässige Koordinator, von dem Du glaubst, dass er zum Ausführen seiner Aufgabe keine Unterstützung, keine Zuwendung braucht. Hast Du Dir je bewusst überlegt, was Dein Gehirn für Dich tut? Hast Du Dich je bei Deinem Gehirn für sein Tun bedankt? Hast Du Dir je überlegt, wie es um Deinen Körper bestellt wäre, wenn das Gehirn nur den winzigsten Teil seiner Aufgaben nicht mehr wahrnähme?

Darum umhülle Dein Gehirn mit Licht und Liebe, pflege und ernähre es.“

... über Musik

„Musik ist die Universellste Sprache!

Jeder versteht ihre Botschaft, auch wenn der Text unverständlich bleibt. Mit Musik werden Botschaften ebenso transportiert wie mit Worten. Musik kann Liebe vermitteln, ebenso wie Aggression, Verzweiflung, Angst, alleine durch die Schwingung und Frequenz der Töne. Musik ist daher auch ein auf der Erde beliebtes Mittel zur Manipulation der Massen und des Einzelnen.

Der Rhythmus der Musik wirkt direkt auf Deinen Körper und erzeugt in Dir ein Gefühl. Daher ist zum Meditieren Musik optimal, die so viele Schläge pro Minute hat wie Dein Herz im Ruhezustand pro Minute schlägt. Diese Musik hilft Dir, Deine Mitte und Deinen Rhythmus zu finden, in Harmonie zu sein. Dein Herzschlag und Dein Puls beruhigen sich und beeinflussen so positiv alle anderen Körperfunktionen. Dies hat zur Folge, dass sich Dein Körper entspannt, Du kannst Deine Sorgen und Probleme loslassen. Dies ist auch eine Möglichkeit, Schlafstörungen zu begegnen. Musik, die in der Frequenz der Liebe schwingt, vereint Menschen, verbindet sie, denn sie geht zu Herzen. Das ist die Musik, die Du hören sollst, die Dir gut tut."

… über Tränen

„Tränen sind eine Form der „seelischen“ Reinigung. Wenn Du das Bedürfnis hast zu weinen, dann tu es! Das Weinen ist den Kindern vorbehalten und da nur den Mädchen, denn „Männer weinen nicht“. Weinende Erwachsene sind für ihre Umwelt eine Peinlichkeit; man weiß mit ihnen nicht umzugehen. Tränen, aus welchem Grund auch immer geweint, geben Dir einen Hinweis auf Deinen Zustand, zeigen Dir Deinen Umgang mit Deiner Seele.

Wenn Du niemals weinst, dann frag Dich, ob es Dir wirklich so gut geht oder ob Du schon so „verhärtet“ bist, dass Du nichts mehr an Dich heranlässt, dass Dich nichts mehr erschüttert.

Durch Tränen des Kummers oder der Traurigkeit teilt Dir Deine Seele mit, dass es in Dir Blockaden, Ängste und negative Muster gibt, die Dich vom Licht fern halten. Sie sind ein Zeichen der not-wendigen Befreiung, der erforderlichen Reinigung.

Freudentränen hingegen zeigen Dir, dass Du ein Ziel erreicht hast und zwar ein Ziel Deiner Seele.

Weinen erfolgt niemals grundlos. Menschen, die weinen und behaupten, den Grund dafür nicht zu kennen, verweigern sich selbst die Innere Einkehr. Die Schau nach

Innen wird abgelehnt und zwar aus Angst vor dem, was gesehen werden könnte. „Grundlose Tränen" sind also Tränen der Angst."

... über Diäten

„Viele Menschen quälen sich mit Diäten – allerdings erfolglos. Eine Diät, die nur auf den Körper ausgerichtet ist, kann **nicht** funktionieren. Übergewicht ist eine Geisteshaltung. Genauso wie Untergewicht. Der übergewichtige Mensch hat kein Selbstvertrauen, kein Selbstbewusstsein und kein Selbstwertgefühl.

Was bedeuten diese Begriffe eigentlich? **Selbstvertrauen** heißt Vertrauen in das Eigene Höhere Selbst zu haben; **Selbstbewusstsein** heißt, sich des Höheren Selbst, der Eigenen Göttlichkeit, bewusst zu sein. Unter **Selbstwertgefühl** ist das Gefühl zu verstehen, dass das SELBST einen Wert hat, dass DU SELBST etwas wert bist.

Fehlt einem Menschen nur eines davon, dann leidet er unter Ängsten und Zweifeln. Angst vor dem Leben, Angst vor der Zukunft et cetera. All diese Ängste manifestieren sich nicht nur in der Realität als Tatsachen, sondern selbstverständlich auch als Reaktionen Deines Körpers. Der Körper beginnt sofort „Vorräte“ für „schlechte Zeiten“ anzulegen – der Mensch wird dick. Diesen „Vorräten“ ist natürlich mit einer Diät nicht beizukommen, zumindest nicht auf Dauer. Denn der Körper ist noch immer auf „Sammeln“ programmiert. Das heißt, wenn die Nahrungsmittelzufuhr wieder das normale Ausmaß erreicht, beginnt der Körper sofort wieder seine Depots anzulegen, beginnt wieder mit der „Vorratshaltung".

Voraussetzung für den Abbau der Depots ist also die Entwicklung von Selbstbewusstsein, Selbstvertrauen und Selbstwertgefühl.

Der nächste Schritt besteht in der Vorstellung der optimalen Figur. Es bedarf eines möglichst detaillierten Bildes des Körpers, das immer wieder mit Gedankenenergie versorgt wird, so lange, bis Dein Körper sich zu verändern beginnt und die „Traumfigur" erreicht ist. Denk daran, dass Du der Schöpfer Deines Lebens, und damit auch Deines Körpers bist! Dieser Prozess muss begleitet sein von dem Gefühl Tiefer Liebe für Dich selbst und für Deinen Körper.

Übergewicht ist eben auch ein Zeichen mangelnder Selbstliebe. Jemand, der sich selbst liebt, hat auch Selbstbewusstsein, Selbstwertgefühl und Selbstvertrauen. Selbstliebe, Selbstbewusstsein, Selbstvertrauen und Selbstwertgefühl sind untrennbar miteinander verbunden."

... über das negative Denken

„Besorgniserregend ist das negative Denken der Menschen. Jeder Pessimist beeinflusst sein Einzelbewusstsein und in der Folge auch das Kollektive Bewusstsein negativ. Und nicht nur das!

Negatives Denken hindert Dich daran,
DEIN LICHT zum Leuchten zu bringen.
Du reduzierst Dein Licht auf ein Minimum.

Du kannst Dein Licht niemals löschen,
denn Du bist ein Teil von Mir und
ICH BIN DAS LICHT!

Könntest Du Dein Licht löschen, würdest Du Deine Seele töten. Und das ist Dir nicht möglich, denn Deine Seele ist ein Teil von Mir! Könntest Du also Deine Seele töten, würdest Du Mich und das Gesamte Universum auslöschen.

Negatives Denken führt zu Disharmonie und Krankheit; es zerstört Dein Energiefeld und führt dazu, dass sich Deine Energiespirale in Richtung Erde dreht – und Du weißt mittlerweile, dass das die „falsche" Richtung ist. Durch fortgesetztes negatives Denken erfährt die zugrunde liegende Situation durch die andauernde Energiezufuhr eine Eigendynamik und zieht Dich immer weiter hinunter.

Das, was Du Dir erschaffen sollst,
ist eine sich aufwärts, in Richtung Kosmos drehende
Energiespirale, die Dich ins Licht bringt.

Sie entwickelt ebenso eine Eigendynamik, wenn ihr genügend Energie zur Verfügung steht.

Energie geht im Kosmos niemals verloren. Jeder Gedanke, ob „gut" oder „schlecht", eilt durch den Raum. Und zieht gleich geartete Energien an, die sich bündeln und somit verstärken. Beobachte Deine eigenen Gedanken – welche Energien setzt Du frei? Und jetzt stell Dir vor, wie viele andere haben die gleichen oder ähnlichen Gedanken? Ihr alle setzt eine ungeheure Energie in Bewegung, deren Ziel in der Verwirklichung Eurer Gedanken liegt! Diese sich bündelnde Energie nennt man das Kollektive Bewusstsein, das die Zustände auf Eurem Planeten verursacht hat.

Für Euch alle, auch für Euren Planeten, dreht sich im Moment die Gesamte Energiespirale nach unten! Ihr seid nicht aufwärts in Richtung Kosmos, ins Licht, unterwegs, sondern abwärts in Richtung Dunkelheit und Finsternis!

Es gibt auf Eurem Planeten noch zu wenige Menschen, die ihr Eigenes Bewusstsein, also ihr Einzelbewusstsein, so weit erhöht haben, dass sich ihre Energiespirale konstant in Richtung Kosmos dreht. Sie können alleine die Negativspirale der Welt nicht stoppen und die Richtungs-änderung der Gesamten Energiespirale in Richtung Kosmos bewirken.

Sie brauchen Unterstützung –
VON JEDEM VON EUCH!

Verweilt nicht in der Dunkelheit,
seht Das Licht, geht in Das Licht!
Das ist der Sinn eines jeden einzelnen Lebens!

Worauf wartet Ihr eigentlich noch?
Bis es endgültig zu spät ist?"

… über Mutter Erde

„Achtet und liebt Euren Planeten, Eure Mutter Erde, die Eure momentane Basis ist. Sie ist die Seele, die Euch materiell am Leben erhält. Ihr achtet sie nicht und entzieht Euch damit selbst die Lebensgrundlage.

Ich habe Eure Welt, Eure Mutter Erde, zu Eurer Freude erschaffen. Mutter Erde hat von Mir genügend Ressourcen erhalten, um Euch über Millionen von Jahren zu erhalten. Doch Ihr behandelt Mutter Erde schlecht, Ihr beutet sie aus als gäbe es kein Morgen. Es ist Euer Freier Wille, Mutter Erde so zu behandeln. Der Freie Wille, den Ich Euch gegeben habe.

Ihr behandelt Mutter Erde so schlecht, weil Ihr keine Liebe für Euch selbst empfindet und daher auch keine Liebe für Mutter Erde empfinden könnt.

Ihr verschmutzt das Wasser, die Luft, Ihr rodet die Wälder. Euer Lebensraum wird eng. Länder werden zur Steppe und in der Folge zur Wüste. Dadurch habt Ihr weniger Nahrung und Lebensraum. Ihr alle wisst das, doch Ihr tut nichts dagegen.

Mutter Erde ist schon schwer angeschlagen, sie behält gerade noch ihr Gleichgewicht, aber sie schwingt schon lange nicht mehr in Harmonie. Die Natur hat die Fähigkeit, sich schnell zu regenerieren, aber nur, wenn man sie lässt. Ihr gebt der Erde, der Natur keine Chance. Ihr zerstört Euren Lebensraum, Eure Basis. In Kenntnis der Folgen!

Ich habe die Erde dafür nicht geschaffen! Ich habe die Erde zu Eurer Erbauung, zu Eurer Freude erschaffen. Mensch, schau Dich um:

Siehst Du nicht um Dich herum
Vollkommene Schönheit?
Warum lässt Du zu,
dass sie zerstört wird?

Beginne Deinen eigenen Lebensraum nach der Schönheit der Erde zu gestalten. Schaffe in Deinem Lebensraum ein Abbild der gesamten Mutter Erde: mit Pflanzen, mit Tieren, mit Wasser, Licht und Luft. Halte Deinen Lebensraum sauber und im Gleichgewicht; gib anderen Menschen die Möglichkeit Deinen Lebensraum, der Mutter Erde im Kleinen gleicht, zu genießen, auf dass sie selbst ihren Lebensraum so gestalten. Damit setzt Du ein Zeichen, das viele andere in ihr Heim weitertragen und in ihrem Leben umsetzen werden. So wird sich dieses Zeichen unendlich vervielfachen und um die Welt gehen. Eine neue Schwingung wird entstehen zum Wohle aller Menschen. Ein Neues Bewusstsein wird erwachen.

Und so soll es sein!“

... über den Respekt gegenüber der Natur

„Ein wahrhaft bewusst gewordener Mensch will über andere keine Macht ausüben, denn er lebt nach dem Kosmischen Gesetz der Liebe und hat erkannt, dass es keine Individuen gibt, sondern, dass Wir alle eins sind. Dieser Mensch liebt sich selbst und liebt daher auch alle anderen Menschen. Er begegnet auch der Natur mit Respekt.

Habt Ihr noch nicht bemerkt, dass Euch die Natur vielfach nur duldet? Dass auch die Natur ihre eigenen Lebensräume zum Existieren und zur Sicherung des Fortbestandes braucht?

Der Mensch hat überall dort nichts verloren, wo er nur mit großem Aufwand überleben kann. Diese „menschenfreien" Zonen haben den Sinn, Eure Existenz und die Eures Planeten zu sichern! Und was macht Ihr? Ihr deponiert dort Euren Müll, sprengt dort Eure Atombomben. Das Weltall um Euren Planeten herum ist voll gestopft mit Eurem Schrott! Die Industrie erzeugt Abfallprodukte, von denen Ihr nicht wisst, wo Ihr sie lagern sollt, weil sie hochgiftig, radioaktiv, explosiv oder was auch immer sind.

WAS MACHT IHR DA?
WARUM LASST IHR DAS ZU?
Dies ist Euer sicherer Untergang!"

... über Anbetung, Gehorsam und Verehrung

„Du schuldest Mir nichts.
Weder Anbetung, noch Verehrung, noch Gehorsam.

Ich liebe Dich und Du bist frei!

Es ist wie mit der Wahrhaften Liebe unter Menschen.

Die Wahrhafte Liebe verlangt und fordert nichts,
sie ist ganz einfach!
Auf diese Weise ist Meine Liebe zu Dir!

Du bist Mein Geschöpf, Mein Kind. Daher lass Dich nicht beirren von Menschen, die behaupten, dass Du Mich anbeten und verehren, um Vergebung bitten und dass Du Mir Opfer bringen musst. Eine Eurer Religionsgemeinschaften hat jahrhundertelang Ablässe verlangt und dafür in Meinem Namen Sünden vergeben, die nicht zu vergeben waren, weil es keine Sünden gibt. Mein Name wurde von den Mächtigen der Kirche missbraucht, um Reichtümer und Wohlstand anzuhäufen – zumeist für den eigenen Bedarf.

Die Kirchenväter, die „Männer Gottes“ (wie SIE SICH SELBST nennen), Ihr küsst ihnen die Hand, kniet vor ihnen nieder – wozu eigentlich?

Wenn Ihr Euch so verhaltet, dann bedenkt, dass Ihr das aus freien Stücken, auf Grund Eures Freien Willens tut und nicht deshalb, weil ICH das verlange!

Ich verlange nichts!
Du schuldest Mir nichts!"

... über den Teufel

„Wer ist eigentlich der Teufel? **ICH habe den Teufel NICHT erschaffen** und er ist auch kein „gefallener" Engel.

Die Hölle und der Teufel sind Eure Geistigen Produkte beziehungsweise wurde Euch deren Existenz eingeredet.

Und Ihr glaubt daran.

Wenn es schon einen Teufel geben soll,
dann hast Du ihn in Person Deines Egos in Dir.

Also wenn schon, dann hat jeder von Euch
seinen eigenen, persönlichen Teufel.

Dein Ego hält Dich in Finsternis und Dunkelheit fest, Dein Ego ist Dein „Fürst der Finsternis".

Und wenn es Dir schlecht geht,
lebst Du in Deiner Eigenen Hölle.
Und nicht in Meiner.

Du selbst verbannst Dich dorthin und nicht Ich Dich. Du bist als Mensch zerrissen zwischen dem Licht, Deinem Höheren Selbst, und Deinem Ego, der Dunkelheit, der Finsternis und der Hölle.

Folgst Du Deinem Höheren Selbst,
dann gehst Du den Weg ins Licht.
Folgst Du Deinem Ego,
so wanderst Du in Dunkelheit und Finsternis weiter
in die Unendlichen Tiefen von
Dunkelheit und Finsternis.

Du hast die Wahl!“

... über die Wahre Religion

„Widmet Euch Religionen, die Euch Ruhe, Frieden, Gelassenheit, Harmonie und Liebe versprechen! Und das ohne jegliche Gegenleistung und Entgelt!

Das sind Religionen,
die den Kosmischen Gesetzen entsprechen!

Widmet Euch Religionen, die Euch Eure Macht als Schöpfer lehren, die Euch erklären, warum es Reinkarnation gibt, die Euch sagen, warum Ihr auf der Erde seid – nämlich, um zu Bewusstsein zu gelangen, um Euer Wahres Selbst zu erkennen und in Einheit mit Mir zu leben, dem **URGOTT, der ICH wirklich BIN**, und nicht dem Gott, den die Menschen aus Machtgier und Verblendung aus Mir gemacht haben!

Finde die Kosmischen Gesetze, sie wohnen in Dir, Deine Seele kennt sie, lebe sie, lehre sie Deinem Nächsten!

LEBE!
SEI FREI!
DAS IST MEIN WILLE!“

... über den Missbrauch Seines Namens

„Lasst Euch nicht unterdrücken von den Religionen und Kirchen!

Es gibt weder Sünde, noch Erbsünde, noch Sündenfall. Dies ist eine reine Erfindung von Menschen, die Macht haben wollen und Angst davor haben, diese Macht über andere zu verlieren.

Es gibt kein Fegefeuer und keine Hölle! Wozu auch? Ich habe Euch in Liebe erschaffen und Euch den Freien Willen gegeben! Warum sollte ich Euch bestrafen?

Meidet Kirchen und Religionsgemeinschaften, die Euch unterdrücken, die Freiheit nehmen, die Euch erklären, dass alles Heil im Leiden liegt. Das war niemals meine Absicht!

Meidet Religionen, die den Heiligen Krieg propagieren! Krieg ist niemals heilig! Krieg bedeutet Töten und Töten widerspricht dem Kosmischen Gesetz der Liebe! Es heißt: Liebe Deinen Nächsten und nicht töte Deinen Nächsten!

Meidet Glaubensgemeinschaften, die für ihre „Dienste" Geld verlangen! Geld, das dafür bezahlt wird, „Sünden" abzubitten – das funktioniert nur, weil man Euch über tausende Jahre eingeredet hat, dass Ihr „sündig", unzulänglich, unvollkommen und schlecht seid!

Ihr seid Meine Kinder,
nach Meinem Ebenbild geschaffen!
Wie könnt Ihr schlecht, sündig, unzulänglich
oder gar unvollkommen sein?

Man hat Euch das eingeredet, damit Ihr die Euch zustehende Freiheit nicht in Anspruch nehmt! Man blockiert und manipuliert Euch damit! Man macht Euch fügsam und klein! Bringt Euch dazu, Eure Wahre Größe nicht zu erkennen, weil man Euch das Wissen um Eure Wahre Größe genommen hat!

Es wird behauptet,
dass das in Meinem Namen geschieht!

Ich aber sage Euch,
dass hier Mein Name missbraucht wird!"

... über den Sündenfall

„Es gab niemals etwas, was Ihr den „Sündenfall“ nennt. Es gab auch keine Vertreibung aus dem Paradies. Dies alles ist eine Erfindung von Menschen, die Macht über Euch ausüben wollen. Die Eure Wahre Größe klein machen wollen und klein gemacht haben. Die so Euer Wissen um Euer Wahres Selbst zerstört haben.

Ich, Gott,
habe Mich geteilt in unendlich viele Teile,
jeder von Euch ist so ein Teil!

Jede Seele ist der Göttliche Funke, der im Menschen lebt, ja in jedem Lebewesen leuchtet.

Ich habe Euch Menschen erschaffen,
um Mich Selbst zu erfahren.

Ich habe Euch nicht aus dem Paradies vertrieben, denn dann hätte Ich Mich Selbst aus dem Paradies vertrieben.

Ihr seid im Paradies!

Nur lebt Ihr nicht danach, weil Ihr das nicht wisst.

Ihr lebt in der Fülle!
Das ist ein Kosmisches Gesetz.“

... über Waffen und Kriege

„Ich habe Euch den Freien Willen gegeben und somit könnt Ihr auch Kriege miteinander oder gegeneinander führen. Weder beurteile noch verurteile Ich Eure Kriege.

Ich sage dazu nur das Folgende: Das Höchste Kosmische Gesetz ist das Kosmische Gesetz der Liebe. Allumfassende, bedingungslose Liebe. Somit verstößt jeder Krieg gegen das Höchste Kosmische Gesetz, die Basis aller anderen Kosmischen Gesetze.

Nun gibt es Menschen, die behaupten, einen Heiligen Krieg zu führen.

Ein Krieg kann **niemals** „heilig" sein!
Weil er gegen die Kosmischen Gesetze verstößt!

Manche Völker haben den Brauch, Waffen vor der Schlacht zu segnen. Und das in Meinem Namen! Waffen dienen zum Töten anderer Menschen – dies widerspricht dem Kosmischen Gesetz der Liebe. Warum segnet Ihr Waffen, in dem Wissen, dass andere Menschen damit getötet werden? Was erwartet Ihr Euch davon? Dieser „Pseudo-Segen" bringt Euch nichts! Hier wird Mein Namen missbraucht! Lasst Euch nicht täuschen! Ihr habt den Freien Willen und dementsprechend habe auch Ich den Freien Willen!

Ihr könnt immer Meinen Segen erbitten und erhalten,
ABER ES GIBT KEINEN SEGEN VON MIR
FÜR WAFFEN UND KRIEGE!

Ich lasse Euch Euren Freien Willen, das heißt, Ich verhindere Eure Verstöße gegen die Kosmischen Gesetze nicht – Ihr begebt Euch freiwillig in die Finsternis – und auch da bin Ich immer bei Euch!

Aber auch Ich nutze Meinen Freien Willen
und sage Euch,
dass Ich Verstöße gegen Kosmische Gesetze
NICHT unterstütze mit dem,
was Ihr Meinen Segen nennt!

... über religiöse Bücher

„Vieles von dem, was in Euren religiösen Büchern steht, ist unrichtig überliefert und/oder wird falsch interpretiert. Wesentliche Worte oder Sätze fehlen, wodurch Sinnwidrigkeiten entstehen oder aber die Botschaft bis zur Unverständlichkeit verzerrt wird.

Alles, was zum Verständnis dieses Ersten Buches wichtig ist, habe Ich an gegebener Stelle erläutert und berichtigt. Ihr Menschen würdet Alles, was ist, verstehen, wenn Ihr eine „Erstausgabe" der Euch bekannten religiösen Texte hättet.

Zur richtigen Zeit, also wenn der Vollkommene Moment dafür da ist, werde Ich Euch einen „Neuen Urtext" übermitteln, der Eurem Verständnis und Eurem Entwicklungsstand entsprechend sein, Missverständnisse und Irrtümer aufklären und Irrlehren aufdecken wird.

Bis dorthin ist es Eure Aufgabe, den Weg ins Licht zu beginnen. Was Ihr für den Anfang wissen müsst, ist in diesem Ersten Buch, dem Weitere Bücher folgen werden, enthalten."

„Wisse, dass Du, wenn Du nur beginnst,
den Weg zu gehen, schon am Ziel bist.

Der Anfang ist das Ziel.
Das Ziel ist der Anfang.
Und: Der Weg ist das Ziel.

Du kannst Dein Ziel niemals verfehlen.
Denn Ich will, dass Du Dein Ziel erreichst.
Was ICH will, ist möglich.
Was ICH nicht will, ist nicht möglich.
Was DU glaubst, ist möglich.
Was DU nicht glaubst, ist nicht möglich.

DEIN GLAUBE VERSETZT BERGE.

SO IST ES.

Meine Wahrhafte Liebe ist mit Dir,
Dir Meinem Kind,
Ich schütze und behüte Dich!"

… über das Erinnern

„Wenn Du dieses Buch gelesen hast, wirst Du vielleicht denken, dass Du so viel zu lernen hast, so viel zu bedenken …

Ich aber sage Dir, dass es nichts zu lernen gibt! Dir fehlt es lediglich an der Erinnerung an Dein Wahres Selbst. All dieses Wissen ist in Dir, in Deiner Seele gespeichert und jederzeit abrufbar.

Er-innere Dich!“

„Du, Mein geliebtes Kind, das dieses Buch liest, integriere dieses Wissen in Dein Leben.

Wisse, dass Du das,
was Du lernen sollst,
lehren sollst!

Trage dieses Wissen in die Welt, führe die Welt aus der Dunkelheit in das Licht.

Denn:

Ich bin Das Licht.
Du hast Mein Licht in Dir,
denn in Dir leuchtet der Göttliche Funke.
Mein Licht ist die Quelle Deines Lichtes.
Du bist das Licht der Welt.

Du sollst Dein Licht leuchten lassen.
Du bist das Licht der Welt.

Du sollst anderen das Licht bringen.
Du bist das Licht der Welt.

Du sollst Dein Licht in die Dunkelheit tragen.
Du bist das Licht der Welt.

Du sollst anderen helfen, das Licht zu finden.
Du bist das Licht der Welt.

**Dein Licht zerstreut die Finsternis,
besiegt die Dämonen der Nacht.**

SO IST ES,
SO IST ES GUT,
DENN SO SOLL ES SEIN!“